beck'sche reihe

Dieser Band bietet einen konzisen Überblick über wichtige Daten Jüdischer Geschichte von den Tagen des Alten Testaments bis in die aktuelle Gegenwart. Zentrale Ereignisse aus der legendenumrankten Überlieferung der Frühzeit werden ebenso thematisiert wie historisch gesicherte Fakten aus der Geschichte des antiken Israels und der Zeit der Juden in der Diaspora nach der Zerstörung des Zweiten Tempels. Die Ausbreitung der Juden in Europa nach 70 n. Chr., ihre Stellung in der mittelalterlichen Gesellschaft, ihr Einfluß auf europäische Kultur und europäisches Geistesleben, die Judenverfolgungen, religiöse Strömungen im Judentum, Aufklärung, Assimilationsbestrebungen und die Entstehung des Zionismus bilden weitere Schwerpunkte der zeitlichen Einordnung bis zum Ende des 19. Jahrhunderts. Antisemitismus, Nationalismus, Shoah, Gründung des Staates Israel und Nahostkonflikt stehen im Zentrum des letzten Hauptteils vom Beginn des 20. bis zum 21. Jahrhundert.

Professor Dr. Dr. Johann Maier ist emeritierter Professor für Judaistik an der Universität zu Köln. Zu seinen Veröffentlichungen gehören u. a. folgende Werke: *Geschichte der jüdischen Religion* (^{2}1992); *Die Qumran-Essener. Die Texte vom Toten Meer. Band I-III* (1995–1996); *Die Tempelrolle vom Toten Meer und das ‹Neue Jerusalem›* (1997); *Kriegsrecht und Friedensordnung in jüdischer Tradition* (2000); *Judentum von A bis Z. Glauben, Geschichte, Kultur* (2001); *Fremdes und Fremde in der jüdischen Tradition und im Sefär Chasidim* (2002); *Studien zur jüdischen Bibel und ihrer Geschichte* (2004); *Die Kabbalah. Einführung, Klassische Texte, Erläuterungen* (^{2}2004).

Johann Maier

Jüdische Geschichte in Daten

Verlag C. H. Beck

Originalausgabe

Satz: Fotosatz Reinhard Amann, Aichstetten
Druck und Bindung: Druckerei C. H. Beck, Nördlingen
Umschlagabbildungen: Menorah, Stein, 2. Jh. © akg-images
(Jean-Louis Nou), Israel Museum Jerusalem
und Menorah, Leuchter © Royaly-Free/Corbis
Umschlaggestaltung: +malsy, Bremen
Printed in Germany
ISBN 3 406 52827 9

www.beck.de

Judentum nennt man die religiös-ethnische Einheit, die sich in und nach dem *babylonischen Exil* (586–538 v. Chr.) auf der Basis altisraelitischer Traditionen ausgebildet hat. Dieses *Frühjudentum* zerfällt zuletzt zwar in Sadduzäer, Pharisäer, Essener, Zeloten und das griechischsprachige Judentum, aber nach der Zerstörung des Jerusalemer Tempels (70 n. Chr.) setzt sich die pharisäisch-rabbinische Richtung durch. Nach jüdischer Tradition ist «Israel» jedoch am Sinai mit der Offenbarung der *Torah* als Bundes- bzw. Erwählungsverpflichtung begründet worden. Den *Gott Israels* als den einzigen Gott zu bekennen, die Tradition zu bewahren, und sich von allem abzugrenzen, was mit *Fremdkult* bzw. Götzendienst zu tun hat, sind die Hauptanliegen dieser Religion. Im 19. Jh. entstehen starke säkularisierte, religiös indifferente Randschichten und konkurrierende Strömungen: die traditionstreue Orthodoxie (mit dem Chasidismus), das Reformjudentum, das konservative Judentum und der *Reconstructionism*, dazu kommen noch unterschiedlich orientierte politische Gruppierungen. Nach jüdischem Recht gilt als Jude, wer von einer jüdischen Mutter abstammt oder ritualgerecht zum Judentum (als Religion und als Volk *Israel*) übergetreten ist. Im Recht des 1948 gegründeten Staates Israel wurde die jüdische Nationalität mit dieser traditionellen Formel definiert und so ergänzt, daß die Zugehörigkeit zu einer anderen Religion ausgeschlossen wird.

Jahreszahlen: hie und da wird in [] auch die Jahreszahl nach der traditionellen jüdischen Zählung ab der Schöpfung der Welt angegeben, die sich im Lauf des Mittelalters durchgesetzt hat. In hellenistisch-römischer Zeit und bis ins Mittelalter datierte man Urkunden meist nach der sogenannten Seleukidenära (ab Herbst 312 oder ab Frühjahr 311 v. Chr.).

Exakte demographische Zahlenangaben sind selten möglich. Für die ältere Zeit ist oft nicht klar, ob alle Personen, nur Familienhäupter, oder nur Niederlassungsberechtigte gemeint sind, daher differieren die Schätzungen sehr. Erst für das 19./20. Jh. gibt es auch Angaben auf Grund von Volkszählungen, aber die Kriterien sind uneinheitlich. Für viele Länder sind aber bis heute nur grobe

Schätzungen möglich, wobei oft unklar bleibt, ob es sich um Maximal- oder Minimalschätzungen handelt. Dazu kommen die häufigen Grenzverschiebungen und Wanderbewegungen als Unsicherheitsfaktor bei der Zuordnung von Bevölkerungszahlen und Territorien. Große Unsicherheit besteht nach wie vor in Bezug auf die Gebiete der ehemaligen USSR und auf Lateinamerika, was auch für die über die statistisch gesicherte Erfassung jüdischer Opfer des NS-Massenmordes hinausgehenden Schätzungen (auf bis über sechs Millionen) eine Rolle spielt.

Abkürzungen:

USSR	Union der Sozialistischen Sowjetrepubliken
WIZO	Women's International Zionist Organisation
WJC	World Jewish Congress
ZWK	Zionistischer Weltkongress
ZWO	Zionistische Weltorganisation

3760 v. Chr. [1] Schöpfung der Welt und Urgeschichte.
Mythologische Überlieferungen über Weltentstehung und Kulturentwicklung wurden in biblischen Schriften im Sinne der JHWH-Religion verarbeitet und in einem geschichtlichen Ablauf angeordnet, der mit der Weltschöpfung (Gen 1–2) einsetzt, mit der Sintflut fast endet und dann mit den Noahsöhnen Sem, Ham und Japhet neu beginnt. Die drei Noahsöhne verteilen die Welt unter sich bzw. auf ihre Nachkommen (Völkerliste Gen 10). Mit dem Turmbau zu Babel wird die Entstehung der sprachlichenVielfalt erklärt (Gen 11,1–9). Es folgen die Generationen von Sem bis Abram/Abraham (Gen 11,10–32). Diese *Urgeschichte* wird der Geschichte *Israels* vorangestellt.
Die *Patriarchen*: Laut Gen 12 ff. wurde Abraham aus Ur ins Land Kanaan berufen. Abraham gilt als erster Monotheist, Philosoph und Astronom. Gen 15 und 17 setzen einen «Bund» Gottes mit Abraham voraus, mit Land- und Nachkommen-Verheißung und mit der Beschneidung als Bundeszeichen. Abrahams Söhne: 1. Ismael, Sohn der Magd Hagar, gilt als Stammvater der Araber und symbolisiert später die islamische Weltmacht; 2. Isaak, Sohn der Sarah, gilt als der erste Erbe der Verheißungen an Abraham. Isaaks Söhne: Esau ist Stammvater von *Edom*, womit seit dem 1. Jh. n. Chr. das römische Reich, später auch die christliche Weltmacht bezeichnet wird. Jakob gilt als Stammvater der 12 Stämme Israels (Gen 29–30), als Erbe der Verheißungen. Die Geschichte Josefs (Gen 39 ff.) und der Aufenthalt in Ägypten (Ex 1–2).

Ca. 1250/1230 [2666] Der Exodus aus Ägypten wird in der Tradition als gesamtisraelitische Befreiungs- und Erwählungsgeschichte dargestellt (Ex 1–15) und wird zum Modell für Zukunftshoffnungen. Liturgisch wird der Exodus im jährlichen Passah-Mazzot-Fest vergegenwärtigt.
Torah-Offenbarung und Bundesschluß am Gottesberg Sinai/Horeb (Ex 19 ff.). Der Levi-Nachkomme Mose wird als Torah-Offenbarer/Gesetzgeber, als Kultgründer (Priester) und als militärisch-politischer Anführer Israels dargestellt: Mose empfängt die Dekalogtafeln, ihm wird in 40 Tagen und Nächten die *Schriftliche Torah* (in den 5 Büchern Mose der Bibel) diktiert und die *Mündliche Torah* gelehrt, die durch ihn an Josua und von da an bis zur Niederschrift in der rabbinischen Literatur ab ca. 200 n. Chr. mündlich (d. h. ohne offizielle Niederschriften) weitergegeben wird.
Kultstiftung am Sinai. Mit der Einweihung des Zeltheiligtums erfolgt die Weihe und Einsetzung Aarons zum Hauptpriester (Hohepriester). Die Kultdienstaufgaben werden Aarons Nachkommen als Priester und den übrigen Nachkommen Levis («Leviten»: Kultdiener und Justiz- und Verwaltungspersonal) übertragen (Ex 35–40).

40 Jahre Wüstenwanderung (Lev–Deut): Tod des Priesters Aaron, Einsetzung seines Sohnes Eleazar als Nachfolger (Num 20,22–29). Der Zelotismus des Priesters Pinchas (Num 25) begründet den *Priesterbund*. Einsetzung des Benjaminiten Josua als Nachfolger des Mose in dessen politisch-militärischer Funktion (Num 26,12–23) Verteilung des Ostjordanlandes an die Stämme Ruben, Gad und Manasse (Num 32). Tod des Mose (Dtn 34).
Landnahme: Die Bibel (Buch Josua) schildert die Landnahme (Eroberung des Westjordanlandes) als gesamtisraelitischen Eroberungsvorgang, historisch waren die Vorgänge aber weit komplizierter.

12./11. Jh. v. Chr. Ausgang der Spätbronzezeit. Die Zeit der *Richter* (Buch der Richter). In Kämpfen mit den von der Küste aus die Region kontrollierenden Philistern und anderen Völkerschaften kommt es zu Stämmebündnissen und zu Sammlungen von Stammestraditionen, die später für eine gesamt-israelitische Geschichte verwertet werden. Die Verehrung des Gottes JHWH (Jahuwah, Jahu) dient als einigendes Band. Im Übergang von der Spätbronze- zur Eisenzeit versuchen israelitische Stämme, sich zu vereinen und zu verselbständigen. Die bisherige Führungsstruktur (gelegentliche *Richter*) erweist sich dafür aber als ungeeignet.

1020–587/6 v. Chr. Die Periode der Könige und des ersten Tempels (1. Buch Samuel–2. Buch der Könige/1.–2. Buch der Chronik). Periodisierungshilfen liefert die Archäologie durch Vergleich der Befunde verschiedener Grabungen. Genauere Daten für eine *absolute* Chronologie ergeben sich aus datierten Inschriften und Synchronismen, auch physikalische Materialdatierungen liefern Anhaltspunkte. Für den Alten Orient rechnet man mit einer *langen*, einer *mittleren* und einer *kurzen* Chronologie. Für die Geschichte Altisraels ergeben sich aus den biblischen Angaben der Regierungszeiten der Könige von Judah und Nordisrael zwar Synchronismen, doch besteht oft Unsicherheit bezüglich des Jahresanfangs (Frühjahr oder Herbst), ob das erste Regierungsjahr und ob Mitregentschaftszeiten mitzuzählen sind. Man datiert weithin im Rahmen der *mittleren* Chronologie, doch plädieren zur Zeit manche für eine tiefere.

Ca. 1020–ca. 1004 v. Chr. König Saul, ein Heerkönig im Kampf gegen Philister und andere Nachbarvölker. Die Tradition beschreibt ihn als gotterwählten Herrscher, als *Gesalbten des Herrn*, der die *Kriege des Herrn* führt, seine Herrschaft aber infolge seines Ungehorsams gegenüber einem göttlichen Gebot (die Amalekiter auszurotten) verliert.

Ca. 1012/1004–972/964 v. Chr. David regiert 7 Jahre als König von Judah und Benjamin dann noch 33 Jahre auch als König der 10 Nordstämme. Er erobert die Jebusiterstadt Jerusalem und macht sie zur Hauptstadt Gesamtisraels, integriert die kanaanäischen Städte, drängt die Philister zurück und unterwirft während einer Schwächeperiode des Assyrerreiches die Nachbarvölker Edom im Süden, Moab und Ammon im Osten, und Aram im Nordosten. Nach der Überführung der *Bundeslade* nach Jerusalem (2 Sam 6), wird diese unter David/Salomo zum zentralen Symbol Gesamtisraels und des Jerusalemer Kultes. Der Stamm *Levi* stellt das Kultdienst- und Verwaltungspersonal (Priester und *Leviten*). Davids vereintes Reich und er selber werden in der Jerusalemer Tradition idealisiert und zum Modell einer Heilsutopie gestaltet. Daher erwartet man später auch einen davidischen *Gesalbten (des Herrn)* als Idealkönig (*Messias*).

Ca. 965–925 v. Chr. König Salomo. Außenpolitisch-militärisch defensiv und mit engen Beziehungen zu Ägypten erfolgt der Ausbau einer flächendeckenden staatlichen Verwaltung nach *Stammesgebieten* mit Verwaltungs- und (teilweise) Kultzentren sowie Garnisonen in ehemals kanaanäischen Städten. Kultur und Schreibertraditionen der kanaanäischen Stadtstaaten werden integriert und adaptiert, aber zwischen kanaanäisch geprägter, naturverhafteter Volksreligion und dem JHWH-Kult kommt es zu Spannungen.

Ca. 955–587/6 v. Chr. Zeit des 1. Tempels. Unter Salomo wird in Jerusalem ein königlicher Palasttempel errichtet, der im Lauf der Jahrhunderte gesamtisraelitische Bedeutung erhält und zuletzt als Kultort monopolisiert wird.

930/926 v. Chr. Reichsteilung. Die 10 Nordstämme trennen sich von der davidischen Dynastie und wählen einen eigenen König für das Nordreich *Israel* (nur ansatzweise mit Dynastiegründungen). Die Stämme Judah und Benjamin bleiben unter der Herrschaft der Davididen und bilden das Südreich *Judah*. Zunehmende Konfrontationen zwischen den Großmächten in Mesopotamien und am Nil um die Vorherrschaft in Syrien/Palästina und Rivalitäten zwischen dem Nordreich Israel und dem Südreich Judah kennzeichnen die Periode der Königszeit. Im Südreich werden die unter David/Salomo gesamtisraelitischen Traditionen v. a. als Jerusalemer Kulttradition weiterentwickelt.

722/1 v. Chr. Deportation und Austausch von Teilen der Bevölkerung des Nordreichs. Das Nordreich wird assyrische Provinz (Samaria). Die Spuren der um 722 v. Chr. deportierten Israeliten verlieren sich. Später spricht man daher von den *verlorenen 10 Stämmen* und erhofft ihr Wiederauftauchen in der Endzeit zur Wiederherstellung Gesamtisraels.

In der folgenden Tabelle sind Fixdaten **fett** hervorgehoben. Unter «Reg.-J.» steht die biblische Angabe der Regierungsjahre, unter *zwischen* wird nicht

Zwischen	**Nordreich Israel**	Reg.-J.
927–905	Jerobeam I. 909ff.: Neuassyrisches Reich	22
907–904	Nadab, getötet durch Baesa	2
910–886	Baesa. Kriege mit Judah	24
887–884	Elah, ermordet durch Zimri	2
886–876	Zimri	1
882–872	Omri	12
875–852	Ahab. Wirtschaftlich-kulturelle, aber religionspolitisch konfliktreiche Blütezeit; Propheten Micha ben Jimla, Elia	22
	859–824 Salmanassar III. v. Assyrien	
	853 Schlacht bei Karkar	
854–849	Achazjah von Israel Propheten Elia u. Elisa	2
853–842	Jehoram v. Israel Mit Judah Krieg gegen Aram Tod durch Jehu	12
845–815	Jehu	28
	841 Tribut an Salmanassar III.	
818–798	Jo´achaz. Kriege mit Aram	17
802–784	Joas	16
	796 Tribut an Adadnirari von Assyrien Erfolge gegen Aram und Judah	
787–736	Jerobeam II. Prophet Amos	41
753–745	Zacharja	0.5
	745–727 Tiglatpileser III.	
752–745	Schallum	
752–738	Menachem **738** Tribut an Tiglatpilesar III.	10
742–736	Pekachja	2
741–732	Pekach	20
	732 Damaskus assyrisch	
732–722	König Hosea 727–722 Salmanassar V.	9
	722–705 Sargon II. von Assyrien	
	722 Eroberung und Ende des Nordreiches	

die Regierungsdauer, sondern der Spielraum der modernen Datierungen angegeben.

Zwischen	**Südreich Judah**	Reg.-J.
926–910	Rechabeam 930 ca.: ägyptische Invasion	17
916–906	Abijah	3
908–868	Asa. Bündnis mit Benhadads von Aram gegen das Nordreich	21
	Moab unter König Mesa selbständig	
873–847	Jehosafat Frieden mit dem Nordreich Kult- und Rechtsreformen	25
853–841	Jehoram v. Judah Nomadeninvasion	8
845–842	Achazjah von Judah Mit Israel Krieg gegen Aram Tod durch Jehu	1
845–835	Staatsstreich der Königswitwe und Ahab-Tochter Ataljah	7
840–796	König Joas von Judah Wiederherstellung der dynastischen Erbfolge und Kultreform. Tribut an Aram	40
801–767	Amazjah Niederlage gegen Joas, Plünderung Jerusalems	29
787–740	Azarjah/Uzzijah. Blüteperiode	52
	Prophet Jesaja berufen	
740–732	Jotam. Konflikt mit Nordreich	16
741–715	Ahaz **734** Tribut an Tiglatpilesar III.	16
725–687	Hiskia Propheten Jesaja; Micha 29	
	Kultreform	

702/01 v. Chr. Aufstand gegen Assyrien im 24. Jahr Hiskias.

701 v. Chr. wird Jerusalem durch eine assyrische Armee unter Sanherib (704–681 v. Chr.) belagert. Der Prophet Jesaja rät zum anhaltenden Widerstand, und der plötzliche Abzug der Assyrer wird zum verklärten Exempel göttlicher Hilfe.

696–642 v. Chr. König Manasse von Judah fügt sich politisch und kultisch der Weltmacht Assyrien. Im Jahr 674 v. Chr. entrichtet er Tribut an den Assyrerkönig Asarhaddon (681–669), unter dem das neuassyrische Reich seine größte Ausdehnung mit Einschluß Ägyptens und Äthiopiens erreicht. Im Jahr 668 v. Chr. entrichtet Manasse Tribut an den Assyrerkönig Assubanipal (668–626). Manasses Nachfolger Amon (641–640 v. Chr.) wird ermordet.

640/39–609 v. Chr. König Josia von Judah. Der einsetzende Niedergang der assyrischen Weltmacht ermöglicht die Ausdehnung Judahs nach Norden mit dem Anspruch auf die Repräsentanz Gesamtisraels. Dementsprechend werden die alten Stammestraditionen weiter gesichtet, vereinheitlicht und aktualisiert. Um 620 v. Chr. kommt es zu Reformen, Jerusalem wird einziger offizieller Kultort.

609 v. Chr. Ägypten greift unter Pharao Necho in die Auseinandersetzungen zwischen Assyrien und Babylonien ein und rückt nach Norden vor. König Josia stellt sich ihm bei Megiddo entgegen und fällt. In Judah brechen Konflikte über die außenpolitische Orientierung aus. König Joachas von Judah wird nach 3 Monaten von Pharao Necho abgesetzt und deportiert. Nachfolger wird König Jojaqim (609/8–598/7 v. Chr.).

597 v. Chr. König Jojakin von Judah (3 Monate). Der Prophet Jeremia plädiert vergeblich für Unterwerfung unter Babylonien. Der babylonische König Nebukadnezar 605–562 v. Chr. erobert Judah und Jerusalem, Jojakin wird mit Angehörigen der Oberschicht nach Mesopotamien deportiert.

597–586 v. Chr. Zedekia judäischer Vasallenkönig Babyloniens. Zu der Zeit wirken die Propheten Jeremia und Ezechiel.

587/6 v. Chr. Revolte des Zedekia in Erwartung ägyptischer Unterstützung, neuerliche Unterwerfung Judahs, Eroberung Jerusalems und Zerstörung des salomonischen Tempels am 9. Ab (jährlicher Fasttag). Große Teile der Ober- und Mittelschicht werden nach Mesopotamien deportiert (*Babylonisches Exil*); Samaria und Judah werden babylonische Provinzen. Pro-ägyptische Judäer fliehen nach Ägypten und verschleppen den Propheten Jeremia.

586 v.–70 n. Chr. Exilszeit und Zeit des 2. Tempels
Von der kanaanäisch-hebräischen Volksreligion isoliert, entwirft die exilierte Oberschicht ein gesamtisraelitisches Geschichtsbild, wie es danach im Pentateuch (1.–5. Buch Mose) und im «deuteronomistischen Geschichtswerk» (Josua–2. Könige) ausgeführt wird. Die Ausprägung dieser Elitereligion wird durch das Wirken der Propheten Ezechiel und Deutero-Jesaja (Jes 40–55) unterstützt. Es kommt zu einer monotheistischen Gleichsetzung des Gottes Israels mit dem Schöpfergott, im Kontrast zur herrschenden fremden Weltmacht und deren Göttern.
Der neu etablierte Kultbetrieb gewinnt mit seinem Abgabenwesen immer größere ökonomische Bedeutung, ist mit der Wirtschaft des Umlandes verflochten, und so bilden sich Interessengemeinschaften und Parteiungen innerhalb des Kultpersonals und der hohepriesterlichen Sippe selbst. Manche Entwicklungen stehen nicht mehr im Einklang mit der strikten Abgrenzungspolitik der Heimkehrergemeinschaft. Eine besondere Rolle spielt dabei die begüterte ostjordanische Familie der Tobiaden. Diese internen Spannungen und Auseinandersetzungen werden verschärft durch gegensätzliche außenpolitische Orientierungen. Dazu kommen Endzeiterwartungen, die bei jeder Krise der jeweils herrschenden Weltmacht akut werden und die Hoffnung wecken, daß die endgültige Wende zur Heilszeit bzw. zur *Gottesherrschaft* gekommen sei.

587–538 v. Chr. Zeit des *Babylonischen Exils* (1 Jobelperiode zu 49 Jahren)

561/0 v. Chr. König Evil-Merodach (Amal Marduk, 562–560 v. Chr.) begnadigt den judäischen König Jojachin.

538–333/2 v. Chr. Zeit der persischen Oberherrschaft (Achämeniden-Dynastie). Das feudalistisch organisierte Perserreich gewährt im Rahmen seiner Gliederung in Satrapien und Provinzen bestehenden ethnischen Gruppen weitgehende Autonomie. Die dualistische und bildlose Gottesauffassung der parsischen Religion hebt sich deutlich von den orientalischen und hellenistischen Kulten ab und ist für Juden unproblematisch.

538 v. Chr. Der Perserkönig Kyros (559–530 v. Chr.) erobert Babylonien und leitet eine Restauration vor-babylonischer Verhältnisse ein. Die jüdische Tradition verbindet seine frühe Regierungszeit mit einem sagenhaften *Darius der Meder* und wertet Kyros selbst als *Gottesknecht*. Ein Edikt des Kyros gestattet die Rückkehr der exilierten Judäer und den Wiederaufbau des Tempels zu Jerusalem durch die Heimkehrer unter einem davidischen Statthalter (Schealtiel). Viele der Exilierten bleiben aber in Mesopotamien, wo die wirtschaftlichen Bedingungen günstiger sind. Sie bilden den Grundstock für eine rasch anwachsende jüdische Bevölkerungsgruppe mit guten Beziehungen zum persischen Hof und können daher auf das Geschehen in Juda/Jerusalem einwirken.

538/7 v. Chr. Altarbau und Wiederaufnahme des Opferkults am Tempelplatz von Jerusalem unter dem Hohepriester Josua ben Jehozadak.

534 ff. v. Chr. Beginn und Verzögerung des Tempelbaus auf Grund von Konflikten zwischen Heimkehrern und Alteingesessenen, v. a. mit Samaria, dem administrativen Zentrum der Provinz innerhalb der Satrapie Transeuphratene. Die Heimkehrer verstehen das Kyrosedikt von 538 als Zusage eines Monopols auf Tempelbau und Jerusalemer Kult.

525 v. Chr. Der Perserkönig Kambyses II. (530–522 v. Chr.) erobert Ägypten. Eine israelitisch-judäische Militärkolonie auf der Nilinsel Elephantine mit eigenem Tempel und vorexilischen Kulttraditionen bleibt in persischen Diensten bestehen (Quellen: Elephantine-Papyri).

522–486 v. Chr. Perserkönig Darius II. d. Große. Ein Edikt des Darius befiehlt die Wiederaufnahme des Tempelbaus mit staatlicher Unterstützung, Privilegierung des Kultpersonals und Abweisung der samaritanischen Ansprüche. Darauf kommt es zu einer zweiten Heimkehrerwelle unter dem Davididen Serubbabel als Statthalter. Die Hoffnung auf eine Restauration der davidischen Königsherrschaft bleibt aber unerfüllt und wird zur «messianischen» Utopie.

516 v. Chr. (Frühjahr) Weihe des 2. Tempels, 70 Jahre = 10 Jahrwochen (10x7 Jahre) nach der Zerstörung des 1. Tempels.

486–465 v. Chr. Krisenzeit unter dem Perserkönig Xerxes: 486/3 v. Chr. kommt es zu einer (vergeblichen) Revolte in Ägypten, die vielleicht durch eine davidische, pro-ägyptische Partei in Judah unterstützt wurde, 484/82 v. Chr. folgen Revolten in Babylonien (mit jüdischer Beteiligung?). 480/79 v. Chr. siegen die Griechen in der Schlacht von Salamis und 479 v. Chr. beginnt nach der Schlacht bei Platäa eine griechische Offensive in Kleinasien. 465 v. Chr. wird der König ermordet, und es kommt zu Thronwirren.

448 v. Chr. Aufstand gegen den Perserkönig Artaxerxes I. (464–424 v. Chr.) in der Satrapie Abr Nahara (westlich des Euphrat). In der Folge richtet sich das persische Interesse stärker auf Judah/Jerusalem, was eine jüdische Richtung in ihrem Sinne nützt.

440–410 v. Chr. Der persische Hof entsendet den Priester Esra als Beauftragten (Schreiber) für das «Gesetz des Himmelsgottes» und zweimal (440–433 und 430–?) einen jüdischen Statthalter, Nehemia, nach Jerusalem. Dies widerspricht den Interessen des Statthalters in Samaria (Sanballat), der enge Beziehungen zum Jerusalemer Hohepriester Eljaschib und zu den ostjordanischen Tobiaden pflegt. Nehemia und Esra leiten Reformen ein. Die «Torah» (genauer Inhalt unklar) wird staatlich anerkannte Rechtsgrundlage der Judäer/Juden und ihrer Autonomie innerhalb des Reiches. Die Reformen betreffen vor allem die Kultorganisation (Neh 9–10) und soziale Erleichterungen (Schuldenerlaß). Die Abgrenzung der Heimkehrer-Kultgemeinschaft wird verschärft. Nichtjüdische Ehefrauen müssen entlassen werden; die Abstammung von einer jüdischen Mutter wird danach zum Hauptkriterium für die Zugehörigkeit zum Judentum. Die jüdische Tradition schreibt diese Reformen und weitere Verordnungen der *Großen Versammlung* (*Ha-k^{e}näsät ha-g^{e}dôlah*) zu und sieht darin die Basis für das Judentum im rabbinischen Sinne; Esra wird dabei zu einem zweiten Mose stilisiert.

? [Jahr unsicher] Konflikt in Jerusalem: Der Hohepriester Jojada erlaubt seinem Sohn Manasse die Ehe mit einer Sanballat-Tochter. Manasse verläßt Jerusalem und begründet am Tempel auf dem Garizim eine aaronidisch-zadokidische Priestertradition.

423–404 v. Chr. Perserkönig Darius II.; Hohepriester Jochanan II.

419 v. Chr. Ein königliches Schreiben an Statthalter Arsham in Ägypten verordnet den Juden die Einhaltung des Passah-Mazzotfestes. Die babylonisch-jerusalemische Exilsgemeinschaft sucht ihre Praxis mit staatlichen Mitteln durchzusetzen.

411/0 v. Chr. Die jüdische Militärkolonie von Elephantine in Ägypten nimmt Kontakt mit Jerusalem auf und bittet den Hohepriester Jochanan – vergeblich – um Unterstützung für die Genehmigung zum Wiederaufbau ihres durch feindselige Ägypter zerstörten Tempels.

404–358 v. Chr. Unter Perserkönig Artaxerxes Mnemon (Artashasta) II. wird 398 v. Chr. Ägypten erneut unabhängig, Judah erlebt mehrere ägyptische Invasionen (393–380 v. Chr.) und steht wieder zwischen zwei rivalisierenden Mächten.

366–360 v. Chr. Revolte der Satrapen und (360 v. Chr.) ägyptische Invasion.

358–338 v. Chr. Perserkönig Artaxerxes III. Ochus; Hohepriester Jochanan III. Wieder kommt es 351–348 v. Chr. zu einer vergeblichen Revolte in Phönikien und wohl auch Juda, doch 343 v.Chr. wird sogar Ägypten wieder der persischen Herrschaft unterworfen und 340 v. Chr. werden aufständische Juden deportiert.

332–141 v. Chr. Die Zeit der hellenistischen Oberherrschaft.

332 v. Chr. Alexander d. Große (gest. 323) erobert Syrien/Palästina und Ägypten. Judäa bleibt weiterhin autonome Tempelprovinz unter dem Hohepriester und der *Gerusie* (Ältestenrat), einem Notablengremium.

332/1 v. Chr. Gründung der Großstadt Alexandrien, wo neben den Griechen bzw. Makedoniern eine starke griechischsprachige jüdische Kolonie (ca. 1/4 der Bevölkerung in einem eigenen Stadtviertel) mit Autonomiestatus entsteht und mit der Verwaltung der hellenistischen Stadt kooperieren muß, was immer wieder zu Auseinandersetzungen führt.

323 v. Chr. Tod Alexanders d. Gr. und Entstehung der Diadochenreiche. Seleukiden im Norden und Ptolemäer in Ägypten beanspruchen beide die Herrschaft über Südsyrien/Palästina.

305–200/198 v. Chr. Zeit der ägyptisch-ptolemäischen Oberherrschaft über Judäa. Trotz seleukidischen Gebietsanspruchs gerät *Koilesyrien* unter ägyptische Herrschaft. Die Folge sind im Lauf des 2. Jh. fünf syrisch-ägyptische Kriege und eine dementsprechend prekäre politische Situation für Judäa/Jerusalem. Die Juden in Ägypten verstehen sich wie die Griechen als Kolonisten. Es kommt auch zur Bildung jüdischer Militärkolonien bzw. Militäreinheiten in ptolemäischen Diensten. Für die einheimische Bevölkerung sind Juden daher Verbündete der makedonischen Unterdrücker und werden zum Ziel feindlicher Angriffe, physischer wie literarischer Art. Letztere formulieren v. a die Autoren Manetho und Apion. Die griechischsprachige jüdische Bildungselite Alexandriens bringt eine reiche Literatur hervor, die freilich gegen Ende der Antike unter dem Druck der rabbinischen Tradition auf jüdischer Seite in Vergessenheit gerät und nur noch von Christen (teilweise) weitergegeben wird.

283–246 v. Chr. Ptolemaios II. Philadelphos (seit 285 Mitregent). Unter ihm wird in Alexandrien eine griechische Übersetzung des Pentateuchs (*Septuaginta*) als *Nomos (Gesetz) der Juden* erstellt; Übersetzungen weiterer jüdischer Bücher folgen. In seine Regierungszeit fällt die 7. Jobelperiode (zu 49 Jahren) nach der Tempelzerstörung von 586 v. Chr. (293/2–244/3 v. Chr.). Diese wird in einigen frühjüdischen Texten und in der Qumran-Tradition als Zeit des Abfalls bezeichnet. Das weist auf tiefgreifende Gegensätze in religiösen und politischen Fragen, wobei die Familie der Tobiaden wieder eine zentrale Rolle spielt.

246–221 v. Chr. Ptolemaios III. Euergetes. Er erzielt im 3. syrischen Krieg 246–241 v. Chr. Erfolge gegen Seleukos II. Eine angebliche Judenverfolgung traf wohl nur die proseleukidische Richtung.

? [Jahr unsicher] Ein proseleukidischer Hohepriester stellt die Tributzahlung ein. Dem Tobiaden Josef, Inhaber der Steuerpacht, wird die *prostasia des Volkes* übertragen, deren Kompetenzen unklar sind. Die Tobiaden pflegen enge Kontakte zum ptolemäischen Hof, der jüngste Sohn Josefs namens Hyrkan verbringt dort längere Zeit. In der weiteren Folge wechseln die Tobiaden aber die Front, nur Hyrkan bleibt den Ptolemäern treu und baut sich bei Jericho (`Araq al-Emir) einen Palast.

238 v.–224 n. Chr. Die Parther-Dynastie der Arsakiden bringt mit ihren Expansionstendenzen das Seleukidenreich und später auch das Römische Reich immer wieder in Bedrängnis. Die Seleukiden führen oft einen Zweifrontenkrieg gegen das Parther- und das Ptolemäerreich. Die Juden in Babylonien und in Judäa werden automatisch in diese Auseinandersetzungen verwickelt und ihre politischen Sympathien sind manchmal geteilt.

223–187 v. Chr. Seleukidenkönig Antiochus III. Er gründet jüdische Militärkolonien in Phrygien und Lydien und kann sich in Juda/Jerusalem auf eine starke Sympathisantenschicht stützen, die dann gegen 200 auch aktiv zum Herrschaftswechsel beiträgt.

202–195 v. Chr. Im 4. syrischen Krieg gelingt um 200 v. Chr. dem Seleukiden Antiochus III. die Eroberung Jerusalems, auch dank Unterstützung durch eine proseleukidische Richtung unter dem Hohepriester Simon (ca. 220–190).

198–141 v. Chr. Seleukidische Oberherrschaft.

198 v. Chr. Antiochus III. bestätigt Privilegien für den Tempelstaat Judäa und für den Ausbau der Tempelanlage. In Jerusalem wertet eine streng priesterlich orientierte religionspolitische Richtung, die in den Qumrantexten bezeugt ist, diese Vorgänge als heilsgeschichtlich bedeutende

Wende 390 Jahre (nach einem 364-Tage-Kalender) nach der Tempelzerstörung.

192–188 v. Chr. Krieg Roms gegen Antiochus III. 189/188 v. Chr. Ein römischer Sieg bei Magnesia führt zum teuren Diktatfrieden von Apameia.

Ca. 190–174 v. Chr. Hohepriester Onias III.

178/76 v. Chr. 20 Jahre nach dem Ende der o. g. 390 Jahre (seit 586) tritt in Jerusalem ein *môreh çädäq* (*Rechtsanweiser*/meist: *Lehrer der Gerechtigkeit*) sein Amt an, wahrscheinlich der letzte priesterliche Torahprophet am Tempel (*Prophet wie Mose*). Er beansprucht auch göttliche Offenbarungsautorität für seine endzeitlich-aktualisierende Geschichts- und Prophetendeutung (*Pešär*-Methode). Aber er scheitert am Widerstand mehrerer Gruppen, gerät infolge der einsetzenden Wirren und der nachfolgenden Hasmonäerherrschaft politisch ins Hintertreffen und erhält sein Amt nicht wieder. Somit gibt es keine Institution mehr, die neue Torah offenbar machen kann. Die Folge ist ein zunehmendes Gewicht der schriftlich fixierten Torah im Pentateuch, den alle Gruppen – auch die Samaritaner – gemeinsam haben. Darüber hinaus pflegen alle Gruppen ihre Sondertraditionen und Sonderpraktiken.

177–175 v. Chr. In Jerusalem kommt es zu einem Machtkampf. Der Hohepriester Onias III. war in Bedrängnis geraten, weil Hyrkan, der proptolemäische jüngste Sohn des Tobiaden Josef, im Tempel Gelder deponiert hatte. Die undurchsichtigen Vorgänge stehen im Zusammenhang mit dem Tod des Seleukos IV. Philopator im Jahr 176 v. Chr. und seiner zunächst ungeklärten Nachfolge.

175 v. Chr. Die Umsturzpläne scheitern, weil Antiochus IV. Epiphanes (bis 165 v. Chr.) rascher als erwartet an die Regierung kommt. Der proptolemäische Tobiade Hyrkan begeht Selbstmord. Der Hohepriester Onias wird an den Hof beordert und verliert sein Amt. Der König vergibt nun das Amt nicht mehr nach der familiären Erbfolge der Oniaden, sondern an den meistbietenden Bewerber. Hohepriester wird zunächst Jason (175/4–173/2 v. Chr.).

173/2–162 v. Chr. Der Hohepriester Menelaos vertritt eine proseleukidische Richtung mit dem Ziel einer hellenistischen Polis-Verfassung und damit einer engen Bindung an die königliche Zentralgewalt. Das führt in Juda/Jerusalem zu bürgerkriegsartigen Unruhen, die mit dem fünften syrisch-ptolemäischen Krieg zusammenfallen.

169/68 v. Chr. Antiochus IV. greift im Zug seines ersten Feldzugs gegen Ägypten in Jerusalem zugunsten der «hellenisierenden» Richtung ein. Im Jahr darauf unternimmt er einen zweiten Feldzug gegen Ägypten, aber dabei zwingt ihn 168 v. Chr. eine römische Gesandtschaft mit einem Ultimatum zum Rückzug. Antiochus greift auf dem Rückweg nochmals in Jerusalem ein und plündert den Tempelschatz. Eine syrische Besatzungstruppe kontrolliert von der Stadtburg *(Akra)* oberhalb des Tempels aus die Stadt. Die Einrichtung eines synkretistischen Kults (des syrischen Baal Shamen, identifiziert mit Zeus Hypsistos) bedeutet für traditionstreue Juden eine Tempelentweihung, und ein Verbot der traditionellen Kultpraxis erbittert die Mehrheit des Volkes.

167–141 v. Chr. Die Zeit der Makkabäerkämpfe. In den aufbrechenden Unruhen organisieren die Hasmonäerbrüder (*Makkabäer*) Judas, Jonatan, Simon und Johannes Hyrkan einen Volksaufstand.

165 v. Chr. Der auch andernorts militärisch bedrängte König erkennt, daß er in Judäa die Mehrheit gegen sich hat, hebt 165 v. Chr. die Verfolgungsmaßnahmen auf und gewährt eine Amnestie. Doch in den Kämpfen hat sich bereits eine gewisse Eigendynamik und ein zielgerichtetes Machtstreben entwickelt.

164 v. Chr. (24. Sept.) Das Erscheinen des Halley'schen Kometen erhöht die Endzeitstimmung. Judas Makkabäus erobert Jerusalem bis auf die Stadtfestung (*Akra*) zurück und am 25. Kislev (im Dez.) erfolgen die Neueinweihung des Tempels und Wiederaufnahme des traditionellen Kultes, bis heute vergegenwärtigt im achttägigen Chanukkah-Fest. Diese Vorgänge werden gegen 120 v. Chr. in der hasmonäischen Geschichtsschreibung als heilsgeschichtlich entscheidendes Endzeitdrama dargestellt, das die spätere jüdische ebenso wie die christliche Geschichtsauffassung bestimmt hat.

164/3–162 v. Chr. König Antiochus V. Eupator. Judas Makkabäus führt den Kampf mit wechselndem Kriegsglück fort und erreicht 163/2 v. Chr. einen Friedensschluß. Der Hohepriester Menelaos wird hingerichtet, der König ernennt Alkimos (163/2–160/59 v. Chr.) als Nachfolger.

162–150 v. Chr. Demetrius I. Soter. Die innerseleukidischen Rivalitäten halten an und gewähren der hasmonäischen Politik einen gewissen Spielraum.

161 v. Chr. Sieg des Judas Makkabäus über den seleukidischen Feldherrn Nikanor und Entsendung einer judäischen Delegation nach Rom. Bündnisvertrag mit Rom.

160 v. Chr. (Frühjahr) Siegreicher Feldzug des seleukidischen Heerführers Bacchides, Niederlage und Tod des Judas Makkabäus.

160–142 v. Chr. Jonatan Makkabäus, Nachfolger seines Bruders Judas, nützt die seleukidischen Thronrivalitäten geschickt zur politischen und militärischen Festigung seiner Position und der jüdischen Interessen. Im Jahr 160/159 v. Chr. stirbt der Hohepriester Alkimos und es folgt bis 153/2 eine situationsbedingte Vakanz im Amt.

153 v. Chr. Jonatan Makkabäus wird durch die seleukidischen Thronprätendenten konkurrierend als Hohepriester eingesetzt und anerkannt. Onias IV., Sohn des letzten Hohepriesters vor den Wirren, geht ins Exil nach Ägypten und gründet dort in der jüdischen Militärkolonie Leontopolis (Tell el-Yahudiyyeh) einen Tempel. Für diese Zeit setzt der Historiker Flavius Josephus (gegen 100 n. Chr.) die Existenz jüdischer Parteien voraus, die er im Zusammenhang mit dem Ende der Herrschaft des Herodes als hellenistische Philosophenschulen beschreibt: (a) «Essener» bzw. «Essäer»: Vertreter einer zadokidisch-priesterlich bestimmten Tradition mit strengen rituellen Praktiken, gegenüber dem damaligen Jerusalemer Tempelkult kritisch eingestellt. Zumindest teilweise identisch mit den Trägern der Tradition hinter den Qumrantexten (>100–80 v. Ch.). (b) «Sadduzäer»: eine sozial elitäre, ebenfalls zadokidisch-priesterlich orientierte Richtung, aber in Jerusalem und am Tempel aktiv beteiligt. (c) Pharisäer»: eine von Laien getragene, gesetzestreue Volksbewegung v. a. des städtischen Mittelstandes, mit intensiven Bemühungen um eine Volksbildung im Sinne ihrer *väterlichen Traditionen und Sitten.*

145–142 v. Chr. Antiochus VI. Epiphanes setzte sich gegen Demetrius II. Nikator (145–139 und 129–126) durch, die Thronwirren halten aber an. 142 v. Chr. setzt der seleukidische Thronprätendent Tryphon den Hohepriester Jonatan gefangen und läßt ihn hinrichten. Das Seleukidenreich bleibt weiter geschwächt.

142 v. Chr. Simon Makkabäus wird Nachfolger des Jonatan, erobert 142/1 v. Chr. die Stadtfestung *(Akra)* in Jerusalem und erlangt de facto die Souveränität für Judäa.

141–63 (37) v. Chr. Hasmonäische Herrschaft. Eine Volksversammlung bestätigt 141 v. Chr. Simon als Hohepriester und als politisch-militärische Spitze des Tempelstaates mit dem Recht dynastischer Erbfolge. Beginn einer hasmonäischen Zeitrechnung. Die Parther erobern Mesopotamien. Für das babylonische Judentum beginnt eine Epoche unter religiös unproblematischer Oberherrschaft.

134/3 v. Chr. Simon wird von einem Verwandten ermordet, Nachfolger wird Johannes Hyrkan I. König Antiochus VII. Sidetes (138–129) will die seleukidische Oberhoheit über Judäa wiederherstellen und belagert Jerusalem. Johannes Hyrkan leistet eine Tributzahlung und beteiligt sich an Feldzügen des Königs, was ihm die Möglichkeit bietet, das eigene Gebiet erheblich zu erweitern und ab 129 v. Chr. wieder souverän zu herrschen. Daher werden unter ihm die ersten Hasmonäermünzen geschlagen.

128 (126?) v. Chr. Johannes Hyrkan erneuert den Bündnisvertrag mit Rom und leitet eine erfolgreiche Expansionsphase ein. 128 u. 108 v. Chr. erobert und unterwirft er Samaria, zerstört die hellenistische Stadt und den Tempel am Garizim. Die Folge ist die Abspaltung der Samaritaner als einer eigenen, ethnisch-religiösen Gruppe. Im Süden von Judäa werden die Edomiter/Idumäer unterworfen und zwangsjudaisiert.

104–103 v. Chr. Aristobul I., Sohn und Nachfolger des Hohepriesters Johannes Hyrkan I. Ehe er einem Mordanschlag zum Opfer fällt, führt er eine levitisch-monarchische Verfassung ein und wird König und Hohepriester in Personalunion.

103–76 v. Chr. Alexander Jannaj (hebr.: Jonatan), Bruder des ermordeten Aristobul, König und Hohepriester. Seine Regierungszeit wird durch wechselhaftes Kriegsglück und durch interne Konflikte bestimmt. Die Bevorzugung der priesterlich-aristokratischen Richtung der Sadduzäer, von der wohl auch die Essener bzw. die Qumran-Gruppe profitieren, führt zu Konfrontationen mit den anderen, v. a. pharisäisch geführten Gruppierungen.

102 v. Chr. Kilikien wird römische Provinz. Alexander Jannaj erobert 102/100 v. Chr. das palästinische Küstengebiet und gewinnt Zugang zum Mittelmeer.

100–80 v. Chr. Ausbau der Siedlungsanlage von Qumran, eines militärischen und wirtschaftlichen Stützpunkts am Toten Meer. In den Höhlen der Umgebung sind seit 1947 Reste von ca. 800 Schriftrollen gefunden worden, die eine konservative, zadokidische Priestertradition bezeugen und Aufschluß über innerjüdische Verhältnisse zwischen ca. 250 v. und der Zerstörung der Anlage 68 n. Chr. geben. Die Anlage wurde wohl mit königlicher Genehmigung aus strategischen und wirtschaftlichen Gründen ausgebaut.

95–83 v. Chr. Bürgerkrieg in Judäa. Pharisäer u. a. kämpfen gegen Alexander Jannaj und rufen Demetrius III. Philopator (96–88 v. Chr.) zu Hilfe. Alexander Jannaj behauptet sich und läßt 800 Gegner als Volksverräter «ans Holz hängen».

85–69 v. Chr. Ein armenischer Vorstoß schwächt das Seleukidenreich weiter. Alexander Jannaj nützt dies 83–76 v. Chr. für eine neue Expansionsphase. Der Heerführer Antipater (selbst idumäischer Herkunft) wird Statthalter in Idumäa.

76–67 v. Chr. Königin Salome Alexandra (Shlomzion), Witwe des Alexander Jannaj. Sie bevorzugt die Partei der Pharisäer, die nun ihre Gegner verfolgen, und verteilt die Ämter auf ihre beiden rivalisierenden Söhne: Hohepriester wird Hyrkan II. (76–40), Kronprinz Aristobul. Der *chäber ha-jehûdîm* wird durch ein neues oberstes Gremium ersetzt, das *Synhedrion*. Nach dem Tod der Königin geht der Bruderzwist in einen Bürgerkrieg um die ganze Macht über. Hyrkan II. stützt sich auf die Pharisäer, Aristobul auf die Sadduzäer.

67–63 v. Chr. Aristobul II. (gest. 49) beansprucht als König auch die Hohepriesterwürde. Der Bürgerkrieg zwischen der sadduzäischen und pharisäischen Partei eskaliert und beide bitten um römische Unterstützung. Syrien wird 64 v. Chr. römische Provinz. Pompeius rückt von Syrien aus in Judäa ein, erobert Jerusalem und betritt zum Entsetzen der Priesterschaft den Tempel.

63 v. Chr.–638 n. Chr. Periode der römisch-byzantinischen Herrschaft. Der Raum des Römischen Reiches bietet Kolonisten aus dem übervölkerten Palästina vor allem im Handel allerlei Möglichkeiten. Innerhalb weniger Jahrzehnte entstehen in fast allen größeren Städten des Mittelmeerraums jüdische Kolonien.

63–40 v. Chr. Hyrkan II. Hohepriester und Ethnarch. Pompeius begünstigt die pro-pharisäische Partei unter dem Hohepriester Hyrkan, ernennt ihn zum Ethnarchen. Der abgesetzte König Aristobul erhofft sich Beistand vom Partherreich. Judäa wird ein Tempelstaat im Römischen Reichsverband, das oberste Gremium besteht aus dem *Synhedrion* mit dem Hohepriester als «Ethnarchen» an der Spitze. Die militärisch-politische Macht bleibt unter römischer Kontrolle, wobei der Heerführer Antipater und seine Söhne Josef und Herodes eine immer maßgeblichere Rolle spielen. Herodes wird Statthalter in Galiläa und greift dort hart gegen Aufständische durch.

48–44 v. Chr. Caesar besiegt Pompeius und ordnet den Orient neu. In einer Reihe von Erlässen und Dekreten zwischen 49 und 44 v. Chr. wird den Juden kleinasiatischer Städte und insbesondere dem Hohepriester und Ethnarchen Hyrkan II. das Recht zugesichert, nach den Gesetzen der Vorfahren leben zu dürfen. Hinzu kommen die Befreiung vom Militärdienst, das Recht auf eigene Versammlungen und der Erhebung der Tempelsteuer für Jerusalem.

41–37 v. Chr. Der hasmonäische Thronprätendent Mattathias Antigonus wird mit parthischer Hilfe infolge eines Parthervorstoßes nach Westen König von Judäa und Hohepriester. Rom unterstützt formal die Hyrkan-Partei, entscheidet aber nach machtpolitischen Gesichtspunkten, denn 41 v. Chr. ernennt der römische Senat Herodes zum König. Herodes beginnt einen Feldzug gegen Mattathias Antigonus und erobert nach längerer Belagerung 37 v. Chr. Jerusalem.

37–4 v. Chr. König Herodes der Große. Herodes regiert zwar v. a. gegenüber seiner eigenen Familie tyrannisch, aber politisch klug und wirtschaftlich erfolgreich. Sein Herrschaftsgebiet wächst über die Grenzen des davidischen Reiches hinaus, doch als Nachkomme eines edomitischen Proselyten wird er von den Juden nicht als legitimer *König Israels* anerkannt und als treuer Vasall des verhaßten Römischen Reiches findet er wenig Vertrauen. Das Synhedrion kann unter ihm seine Kompetenzen nur begrenzt zur Geltung bringen, die Hohepriester wechselt er nach Belieben aus. Der König verfügt dank seiner Politik über enorme Einkünfte und Vorräte, unterstützt in Notzeiten die Bevölkerung und wird zum aktivsten Bauherrn der Antike. Im jüdischen Bereich läßt er für die Patriarchengräber bei Hebron eine bis heute erhaltene Anlage errichten, und zwischen 22–20 v. Chr. beginnt er mit einer monumentalen Umgestaltung des gesamten Jerusalemer Tempelareals.

30 v.–14 n. Chr. Kaiser Augustus.

Ca. 20 v.–50 n. Chr. In Alexandrien verfaßt Philo, ein griechisch gebildeter Jude, zahlreiche Schriften. In den meisten sucht er mittels allegorischer Auslegung griechische Popularphilosophie und Wissenschaft als Inhalt des Pentateuchs nachzuweisen. Ungefähr zur selben Zeit wirken in Judäa bis ca. 15 n. Chr. die pharisäischen Gesetzeslehrer und Gründer der beiden wichtigsten pharisäisch-rabbinischen Schulrichtungen, Hillel und Schammaj. Die Schule Hillels, in der Regel weniger streng, bestimmt die weitere Entwicklung der pharisäischen und später rabbinischen Tradition.

4 v. Chr. Beim Tod des Herodes brechen in Judäa Unruhen aus und der Statthalter von Syrien greift ein. Rom teilt das Reich auf drei Herodessöhne auf: (a) Archelaos (6 n. Chr. abgesetzt) erhält als «Ethnarch» Judäa, Samaria und das Küstenland. (b) Herodes Antipas als «Tetrarch» (39 n. Chr. abgesetzt und verbannt) erhält Galiläa und Peräa. (c) Herodes Philippus (gest. 34 n. Chr.) erhält die nichtjüdische Gaulanitis und weitere Gebiete im Nordosten. (d) Zahlreiche hellenistische Städte werden für autonom erklärt und dem Statthalter von Syrien unterstellt.

4 n. Chr. Judäische Delegierte treffen in Rom ein, um gegen Archelaos Beschwerde zu führen. Dort demonstrierten für sie 8000 Juden.

6 n. Chr. Nach Unruhen in Judäa setzt Rom Archelaos ab und unterstellt sein Gebiet direkter römischer Verwaltung unter einem Prokurator aus dem Ritterstand mit Sitz in Caesarea, der Provinz Syrien beigeordnet. Pharisäer und andere ziehen die direkte römische Herrschaft zwar vor und das Synhedrion hat auch wieder mehr Bedeutung, aber Rom gilt nun vor allem als *Edom*, als letzte gott- und israelfeindliche Weltmacht der Geschichte, das *vierte Weltreich* des Buches Daniel, dessen Fall die Heilswende einleitet. *Zeloten* (Eiferer), romfeindliche Aktivisten, wollen im Land Israel nur Gottes Herrschaft anerkennen, sogenannte *Sikarier* (Dolchmänner) verüben terroristische Überfälle auf Römer und Kollaborateure.

14–37 Kaiser Tiberius.

26–36 Pontius Pilatus Statthalter in Judäa und Samaria. Seine grausame und korrupte Amtsführung heizt die Romfeindschaft im Volk weiter an und die Endzeiterwartung wächst. U. a. tritt in Galiläa Johannes der Täufer als asketischer Bußprediger auf, der den nahen Anbruch der Gottesherrschaft verkündet, zur Umkehr aufruft und die Bußfertigen – darunter Jesus von Nazareth – am Jordan einem rituellen Reinigungs-Tauchbad unterzieht. Johannes wird von Herodes Antipas gefangengesetzt und enthauptet; aus seiner Anhängerschaft erwachsen in der Folge allerlei Taufsekten. In Adiabene (Nordsyrien), einem Pufferstaat zwischen Partherreich und Rom, tritt König Izates zum Judentum über. Sein Nachfolger Monobazes II. entsendet im Krieg 66–70 sogar ein Truppenkontingent nach Jerusalem.

Ca. 31–33 Jesus von Nazareth tritt in Galiläa als Verkünder und Repräsentant der anbrechenden Gottesherrschaft auf. Mit einer Schar von Anhängern zieht er im Frühjahr 33 zum Passahfest nach Jerusalem, was bei den jüdischen und römischen Behörden die Befürchtung von Unruhen auslöst. Kurz vor dem Passahfest wird im Zusammenwirken zwischen dem

Hohepriester Kaiphas (18–36), dem Synhedrion und dem Statthalter ein Prozeß durchgeführt und Pontius Pilatus läßt Jesus als *König der Juden* (wegen Aufruhrs) kreuzigen. Anhänger Jesu verkünden seine Auferstehung und die Erfüllung der Verheißungen Israels und die Vergegenwärtigung der Gottesherrschaft durch den Gekreuzigten als den *Gesalbten* bzw. Messias (griechisch: *christos*). Unter den Juden, die einen kriegerischen Endzeitkönig erhoffen, gewinnt die neue Bewegung nur wenige Anhänger (*Judenchristen*), doch verbreitet sie sich infolge der Missionsreisen des Apostels Paulus im Römischen Reich sehr rasch, v. a. in ärmeren Schichten, und wird zu einer hellenistisch geprägten Erlösungsreligion, für Juden aber ein götzendienerischer *Fremdkult*. Diese *Christen* erregen bei den römischen Behörden den Verdacht einer Untergrundbewegung, deren Mitglieder sich als *Israel* ausgeben; sie werden daher staatlich verfolgt, und die jüdischen Diaspora-Gemeinden legen Wert darauf, sich von ihnen abzugrenzen.

32 Lucius Valerius Flaccus, zuvor schon in der Provinz Asia tätig, wird Präfekt in Ägypten und verursacht auch hier Konflikte.

37–44 Herodes Agrippa I. werden von Rom nach und nach Herrschaftsgebiete seines Großvaters übertragen.

37–41 Kaiser Caligula belehnt Agrippa I. mit den Gebieten des Herodes Philippus und Herodes Antipas. Der Kaiser will aber den Kult des syrischen Sonnengottes als Staatskult durchsetzen und forciert den Kaiserkult, von dem die Juden auf Grund der geltenden Privilegien ausdrücklich befreit sind. Daher kommt es 38 n. Chr. in Jerusalem und Alexandrien wegen der Forderung nach Aufstellung von Kaiserstatuen zum Konflikt. Herodes Agrippa interveniert, und der Kaiser korrigiert noch kurz vor seiner Ermordung den Fehler.

41–54 Kaiser Claudius bestätigt die unter Caligula in Frage gestellten jüdischen Rechte, stellt sich aber gegen jüdische Versuche, in manchen Städten zusätzlich auch noch Bürgerrechte zu erlangen. Er ergreift Maßnahmen wegen Unruhen in Alexandrien und in Rom (41) und verbannt sogar Juden für einige Zeit aus Rom. Herodes Agrippa wird für seine Romtreue mit dem Königstitel und mit weiteren Herrschaftsgebieten (Judäa, Idumäa, Samaria) belohnt.

44–66 Plötzlicher Tod des Königs Agrippa und Wiedereinführung der direkten römischen Verwaltung in Palästina. In der Folge kommt es immer häufiger zu Konfrontationen zwischen Juden und Nichtjuden, v. a. in Cäsarea, zu messianischen Zwischenfällen und zu Angriffen auf römische Truppen.

63 Großbrand und erste Christenverfolgung in Rom unter Kaiser Nero (54–68).

66–70 Nach anhaltenden Unruhen zwischen Juden und Nichtjuden in Caesarea setzt eine große Aufstandsbewegung gegen Rom ein. Die Anfangserfolge der Aufständischen verleiten die jüdischen Provinzbehörden bzw. die Synhedrionsmitglieder zum Krieg. Vespasian rückt langsam, aber planmäßig über Galiläa und von der Küste her gegen Jerusalem vor. Der jüdische Befehlshaber von Galiläa (der spätere Historiker Flavius Josephus) geht zu den Römern über und tritt für eine Kapitulation Judäas und für einen Ausgleich mit Rom ein.

69/70 Kaiser Vespasian (69–79) übergibt das Oberkommando in Judäa an Titus, der Jerusalem belagert. Im Sommer wird Jerusalem erobert. Auf dem bis zuletzt hart umkämpften Tempelberg gerät der 2. Tempel in Brand, und zwar wie der 1. Tempel am 9. Ab (jährlicher Fasttag). Nach jüdischer Zeitrechnung wurde der Tempel aber im Jahr 3828 nach der Schöpfung zerstört, also 68 v. Chr. In Rom wird für Titus ein Triumphzug mit judäischen Gefangenen und mit erbeuteten Tempelgeräten veranstaltet (abgebildet am Titusbogen). Einführung des Fiscus Judaicus anstelle der früheren Tempelsteuer der Juden für Jerusalem.

70–ca. 220 Das tannaitische Zeitalter. Die Traditionen der *Tannaiten* (Tradenten), der frühen rabbinischen Autoritäten, gelten als besonders autoritativ, weil sie weitgehend als *mündliche Torah* des Mose vom Sinai gelten. *Palästina* wird kaiserliche Provinz mit der Hauptstadt Caesarea. Mit der Zerstörung des Tempels und mit dem Ende des Kultes verändert sich die soziale, ökonomische und politische Struktur des einstigen Tempelstaates drastisch. Am ehesten funktionsfähig blieben die kleinen pharisäischen Zirkel des städtischen Mittelstandes, die von nun an zielstrebig ihren Einfluß im *Volk des Landes* auszubauen versuchen, indem sie ihre Traditionen als allgemeinjüdisch verbindliche Lebensweise propagieren.

70–132 In Jabne/Jamnia gründet Jochanan ben Zakkaj eine Schule, die unter den übrigen bald eine Vorrangstellung erhält; die Gelehrten tragen den Titel *Rabbi* (in Babylonien: *Rab*), *Meister*. Die Schule von Jabne steht ab ca. 80 n. Chr. unter der erblichen Leitung von Gelehrten aus dem Hause Hillels und übernimmt gegen 100 n. Chr. eine Führungsrolle. Diese Schulhäupter tragen den Titel *Rabban* und später auch *Naśī* (Fürst), griechisch *Patriarch*. Ein Kollegium von 70 Rabbinen mit der (aramäischen) Bezeichnung *Sanhedrin* erfüllt mit dem Patriarchen an der Spitze neben Funktionen des früheren *Synhedrion* auch die Funktion einer rabbinischen

Akademie und dient unter dem Vorsitz eines *'Ab bêt dîn* (Gerichtspräsidenten) als oberste Gerichtsinstanz.

In Jabne werden durch zwei Pflichtgebete die Grundlagen einer Gebetsordnung gelegt: (1.) Das mit Benediktionen eingerahmte *Š^e^ma` Jiśra'el* (Höre Israel): Dt 6,4–9 + 11,13–21 und Num 15,37–41; (2.) Das *Šemoneh-`eśräh* (Achtzehnbittengebet), eine dreiteilige Serie von Benediktionen, deren Mittelteil an Feiertagen anlaßspezifisch ersetzt wird. Dazu kommt die wöchentliche Schriftlesung. Da die Volkssprache Aramäisch und das Hebräische nur mehr Gelehrtensprache ist, werden die Perikopen auch auf Aramäisch vorgetragen (*Targum*). Die Gebetsordnung von Jabne setzt sich ab 138 allgemein durch, sogar in Babylonien. An Sabbaten und Festen werden liturgische Dichtungen (*Pijjûṭîm*) eingefügt.

In diesem Zusammenhang wurde auch die Anzahl (24) der Schriften festgestellt, die dafür und für erbauliche Zwecke überhaupt in Frage kommen; eine endgültige Festlegung und Wertung erfolgt aber erst etwa zeitgleich mit der Kanonisierung der christlichen *Bibel* im 3.–4. Jh. In Unterschied zur christlichen *Bibel* bleibt im Judentum eine autoritativ abgestufte Dreiteilung maßgebend: (1) Der Pentateuch als (*schriftliche*) *Torah* enthält die absolut verbindliche Offenbarung; (2) die *Propheten* (die Geschichtsbücher Josua–2. Könige) als *frühere*, die eigentlichen Prophetenschriften als *spätere Propheten*; (3) *(übrige) Schriften.*

In Palästina müssen sich die Rabbinen in der ländlichen Bevölkerung erst durchsetzen und haben sich auch noch mit Resten der Sadduzäer auseinanderzusetzen. Besonders aber mit *Mînîm,* antirabbinischen, zu hellenistischem Synkretismus neigenden und mit den Römern kollaborierenden Juden. Rom war nach den Verwüstungen des Krieges an einem raschen Wiederaufbau der Provinz interessiert, da aber diese romfreundlichen Juden in der Bevölkerung wenig Rückhalt haben, nimmt Rom die entstehende Neuordnung unter rabbinischer Ägide hin.

80–100 Rabbinische Delegationen besuchen Rom und erreichen eine Entspannung des Verhältnisses. Flavius Josephus verfaßt in Rom mehrere (christlich überlieferte) Werke, bis heute die wichtigste Quelle für die Kenntnis der jüdischen Geschichte zw. 200 v. und 70 n. Chr.: (1) *Über den jüdischen Krieg*, (2) *Jüdische Altertümer*, eine umfangreiche Gesamtgeschichte (mit biblischen Inhalten als Basis). (3) *Contra Apionem*, eine Verteidigung des Judentums gegen die Vorwürfe des Schriftstellers Apion. (4) Eine Autobiographie.

114–117 Die Diaspora-Aufstände. Kaiser Trajan (98–117) bereitet einen Feldzug gegen die Parther vor und wird dabei 115 durch blutige jüdische Aufstandsbewegungen in Nordafrika, Ägypten, auf Zypern und ansatzweise auch in Syrien überrascht. Rom siegte jedoch über die Parther und nach heftigen Kämpfen auch über die aufständischen Juden. Das hellenistische Judentum verliert viel von seinem Gewicht innerhalb der jüdischen Welt, seine Traditionen werden fortan durch das aramäischsprachige *rabbinische* Judentum verdrängt.

117–138 Kaiser Hadrian. Rom muß sich aus Mesopotamien auf die Euphratgrenze zurückziehen. Die Niederlage der griechischsprachigen Diasporajuden hat die rabbinische Richtung in Palästina gestärkt, bewirkt aber zugleich antirömische Ressentiments und messianische Naherwartungen. Als Gerüchte über römische Tempelbaupläne in Jerusalem laut werden, verschärft sich die antirömische Stimmung in Judäa, wo 132 Tineius Rufus Statthalter wird.

132–135 Aufstand in Judäa unter dem *Fürsten Simon bar Kosiba* (Bar Kokba) und dem *Hohepriester Eleazar* (Münzaufschriften). Nach harten Kämpfen wird der Aufstand niedergeschlagen und mit der Eroberung von Betar bei Jerusalem beendet. Jerusalem selbst wird zur römischen Garnisonstadt *Aelia Capitolina* und für Juden gesperrt. Das allgemeine Beschneidungsverbot (Verbot der Selbstverstümmelung) gilt einige Jahre lang auch für Juden.

138–161 Unter Kaiser Antoninus Pius werden die Strafmaßnahmen der Nachkriegszeit aufgehoben. Die Beschneidung wird wieder von der Kastration unterschieden und gilt für Juden erneut als erlaubt. Das Schwergewicht der rabbinischen Bewegung verlagert sich von Judäa nach Galiläa. Das Scheitern des Bar-Kokba-Aufstandes, den nur wenige Rabbinen unterstützt hatten, verhilft der rabbinischen Richtung zum entscheidenden Durchbruch. Der *Patriarch* (ab ca. 140 Rabban Simon ben Gamliel II.) wird als oberster jüdischer Repräsentant der Juden im Reich anerkannt, und anstelle des *Fiscus judaicus* bzw. der alten Tempelsteuer entrichten die Juden des Römischen Reiches nun ein *aurum coronarium* an den Patriarchen. Zum wirtschaftlichen Aufstieg Palästinas trägt in den folgenden Jahrhunderten vor allem der Seidenhandel bei, der von jüdischen Kaufleuten diesseits und jenseits der Grenzen besonders effektiv organisiert werden kann.

160–ca. 217 Unter dem Patriarchen Jehuda ha-Naśi᾿ entfalten die rabbinischen Institutionen ihre volle Macht. Er veranlaßt die Kompilation der sog. *Mischnah*.

212 Kaiser Caracalla (211–217) verleiht allen Freien im Reich das römische Bürgerrecht.

200–220 Niederschrift der *Mischna* als einer offiziellen Auswahl aus der Mündlichen Tradition, eingeteilt nach einer groben Sachordnung in 6 *Ordnungen* und in *Traktate*. Neben und nach der *Mischna* entstehen weitere frühe Traditionssammlungen: die *Tosefta´* (ähnlich nach Inhalt und Struktur) und Midraschim zu biblischen Schriften, teils laufende Kommentare, teils Gesetzessammlungen (*halakische* Midraschim), teils homilienartige Auslegungen zu den synagogalen Leseperikopen.

Ca. 220–632 Das amoräische Zeitalter. In Palästina wird auf der Basis der Mischnah und anderer tannaitischer Traditionen vor allem in den Schulen von Cäsarea und Tiberias eine *G^emara`* (Vollendung, Ergänzung) entwickelt, jedoch nicht zu allen Traktaten der Mischna. So entsteht im 5. Jh. der *Talmûd jerušalmî* oder *palästinische Talmud*. Im Übrigen dominiert in Palästina die Midraschliteratur.
Im Partherreich folgen auf die Dynastie der Arsaciden 224 n. Chr. die Sassaniden. Die jüdische Bevölkerung ist am Hof weiterhin durch den *Re´š galûta´* (Haupt des Exils) bzw. Exilarchen aus dem Haus Davids vertreten, der über weitreichende Vollmachten verfügt. Zugewanderte Schüler des Jehuda ha-Naśî´ Schulen: Abba Arika (Rab) gründen die Schule von Sura, und Samuel die Schule von Nehardea (später in Pumbeditha). Diese babylonischen Schulen, deren Oberhäupter den Titel *Ga´ôn* (Exzellenz) tragen, erhalten in den nächsten Jahrhunderten umfangreiche Besitzungen und Zuwendungen von Seiten des Exilarchen und erweisen sich deshalb als leistungsfähiger als die Schulen Palästinas. Sie entwickeln zur Mischnah eine weit vollständigere *Gemara´*, die im 5.–6. Jh. noch durch die sog. *Saboräer* ergänzt und redigiert wird und schließlich den *Talmûd bablî* bzw. *babylonischen Talmud* ergibt.

249–251 Kaiser Decius. Es kommt zu schweren Christenverfolgungen und zu einer Niederlage gegen die Goten. Christen bezeichnen die jüdischen Gemeinden als *Quellen von Verfolgungen.*

260 Kaiser Valerian unterliegt den Parthern bei Edessa und wird gefangen. Das Ereignis stimuliert messianische Naherwartungen.

303 Kaiser Diokletian (284–305) veranlaßt eine heftige Christenverfolgung.

306 Synode von Elvira/Spanien. Kanon 16 und 78 verbieten Christen die Eheschließung mit Häretikern, Heiden oder Juden. Kanon 49 verbietet die Segnung von Früchten bzw. Nahrungsmitteln durch Juden. Kanon 50 verbietet Klerikern die Mahlgemeinschaft mit Juden.

313 Kaiser Konstantin d. Große (308–337) verordnet Religionsfreiheit für die Christen. Die allmähliche Bevorzugung der christlichen Religion wirkt sich auf den Status der Juden nicht direkt aus. Am ehesten fallen die Kirchenbauten im *Heiligen Land* ins Auge, denen aber auf jüdischer Seite (v. a. in Galiläa) prachtvolle Synagogenbauten entsprechen. Allerdings ändert sich der amtliche Umgangston, es begegnen immer häufiger abwertende und gehässige Ausdrücke. Die Vorrechte jüdischer Religionsfunktionäre bleiben gewahrt, doch die Befreiung von städtischen Verwaltungspflichten wird aufgehoben und die Haltung christlicher Sklaven für intolerabel erklärt.

326 Die Kaiserinmutter Helena besucht das «Heilige Land», fördert die christlichen Gemeinden und leitet den Bau zahlreicher Kirchen ein. Der Kaiser bekräftigt das Niederlassungsverbot für Juden in Jerusalem und gestattet nur den Besuch am 9. Ab zum Gedenken der Tempelzerstörung.

351/2 Ein Parthervorstoß nach Westen verursacht jüdische Unruhen in Galiläa.

361–363 Kaiser Julian *Apostata* versucht eine Wiederherstellung der alten religiösen Verhältnisse. Er befiehlt u. a. den Wiederaufbau des Tempels von Jerusalem. Da der Kaiser aber während seines Partherfeldzugs stirbt und damit die christliche Seite wieder die Oberhand gewinnt, kommt es nur zu Arbeiten am Fundament, wozu wohl priesterlich-levitische Arbeiter nötig waren. Die rabbinischen Autoritäten verhalten sich zurückhaltend.

362/3 In Machoza wird ein jüdischer messianischer Aufstand von den Sassaniden militärisch unterdrückt.

379–395 Kaiser Theodosius I. Unter seiner Herrschaft festigt sich die Position der Kirche im Staat weiter und das Christentum wird zur Staatsreligion.

395 Reichsteilung. Im Osten entsteht das byzantinische Reich (395–1454), das zeitweilig auch Gebiete in Nordafrika und Italien kontrolliert. Die jüdische Tradition Palästinas gelangt daher im byzantinischen Herrschaftsbereich bis nach Süditalien und strahlt im Mittelalter von da über die Alpen nach Norden aus. Trotz zunehmender Einschränkungen bleibt in Byzanz der Status der Juden auf der Basis der alten Privilegien prinzipiell gewahrt. Die Zivilgerichtsbarkeit hat sich aber nach römischem Recht zu richten, doch dürfen jüdische Gerichtshöfe im Sinne freiwilliger Schiedsgerichtsbarkeit in Anspruch genommen werden.

425/29 Kaiser Theodosius II. (408–450) verfügt die Abschaffung des Patriarchats und eine Neuordnung der jüdischen Verwaltung in Palästina. Damit verliert das westliche Judentum seine zentrale Instanz und die Einzelgemeinden gewinnen volle Eigenständigkeit.

438 Im *Codex Theodosianus* werden die kaiserlichen Gesetze bzw. Rechtsentscheide aufgelistet, u. a. auch solche, die Juden betreffen.

453–466 Westgotenkönig Theoderich II. Unter ihm (eventuell aber unter Theoderich d. Gr., 493–526) wird die westgotische Rechtssammlung *Edikt des Theoderich* erstellt. § 143 stellt fest, daß die Privilegien, die den Juden durch Gesetze gewährt worden sind, beachtet werden müssen. Im Falle von Rechtsstreitigkeiten unter ihnen steht ihnen zu, Lehrer ihrer Observanz als Richter zu haben.

468/71 400 Jahre nach der Tempelzerstörung unternimmt der Exilarch Huna V. (465–470/1) einen Aufstandsversuch mit negativen Folgen für die babylonische Judenheit.

493–553 Ostgotenherrschaft in Italien. Die arianischen Ostgoten respektieren den herkömmlichen Rechtsstatus der Juden. Theoderich d. Gr. (493–526) hat einige diesbezügliche Verordnungen erlassen. Eine judenfeindliche Ausschreitung und Synagogenverwüstung in Rom und gewisse Vorfälle in Mailand werden ausdrücklich mißbilligt. Der König fordert ausdrücklich ein kulturell und zivilisatorisch angemessenes Verhalten.

520 Jüdischer Aufstandsversuch des Exilarchen Mar Zutra II. (508/12 bis 520) in Mesopotamien unter dem Sassanidenkönig Kawad I. (488–531).

525 Tod des südarabischen Himyariten-Herrschers Jusuf Musuf As`ar, der zum Judentum konvertiert war.

527–565 Kaiser Justinian. Die unter seiner Ägide erfolgende umfassende Kodifikation des Römischen Rechts schreibt auch jene Gesetze fest, die Juden betreffen.

527/8 Samaritaneraufstand.

538 III. Synode von Orleans; Kanon 33 bestimmt als Vorschrift für das westgotische Königreich, daß Juden zwischen Gründonnerstag und Ostermontag nicht öffentlich in Erscheinung treten sollen.

539/40 [4300]–545 Sassanidische Vorstöße nach Westen.

556 Jüdische Unruhen in Caesarea.

578 Samaritanisch-jüdische Unruhen in Palästina, hervorgerufen durch Kriege zwischen Byzanz und dem Sassanidenreich.

587 Der Westgotenkönig Rekkared tritt vom Arianismus zur römischen Kirche über, was für die Juden eine Epoche der Religionsverfolgung einleitet. Abgesehen vom Verbot der Haltung nichtjüdischer Sklaven und der Herrschaftsausübung über Christen werden auch Sabbat- und Fest-Praxis, Beschneidung und Beobachtung ritueller Reinheitsvorschriften untersagt. Selbst Geschäftsverkehr soll unterbunden werden. Juden müssen bestimmte christliche Feste beobachten und dürfen christentumskritische Bücher nicht lesen. An Sabbaten und ihren Festtagen haben sie sich beim Bischof ihres Ortes zu versammeln.

589 III. Konzil von Toledo, das erste in der katholischen Ära Spaniens. Kanon 14 verbietet Juden, christliche Ehefrauen, Konkubinen oder Sklaven zu halten. Beschnittene Sklaven müssen freigelassen werden.

590–604 Papst Gregor d. Große schafft die theologisch-rechtliche Basis der kirchlichen Haltung zu den Juden in der Folgezeit. *Sicut Iudaeis* wird Vorbild für künftige päpstliche Äußerungen zum Judentum. In mehreren Einzelfällen tadelt er Übergriffe gegen Juden.

590/1 Im Zusammenhang mit einem Aufstandsversuch gegen den Sassanidenkönig Hormizd IV. (578–590) kommt es unter dem Exilarchen Chaninaj (580–590) zu einer Judenverfolgung. Unter Chosroes II. (590–628) verbessert sich die Situation der jüdischen Minderheit wieder merklich, und im byzantinischen Bereich hoffen Juden wieder auf eine messianische Wende durch die Parther.

614–617 Partherinvasion bis ans Mittelmeer. Jerusalem bleibt für drei Jahre unter jüdischer Herrschaft, wobei es zu einer messianischen Hochstimmung und zu Christenverfolgungen kommt. Dabei spielt die Figur eines «Messias aus Efraim bzw. Josef» eine Rolle.

622 (16. Juli) Mohammeds Flucht (Hedschra) aus Mekka nach Medina (Beginn der islamischen Zeitrechnung). Er sucht zeitweilig die Unterstützung jüdischer Stämme. Da diese sich aber wegen seines Anspruchs einer überlegenen und abschließenden Offenbarung verweigern, bleibt das Verhältnis zur jüdischen Religionsgemeinschaft für einige Zeit ziemlich gespannt.

627/8 Kaiser Heraklius (in jüdischen Quellen der gottfeindliche Endzeitherrscher *Armilus*) erobert die verlorenen Gebiete zurück und rächt sich an den Juden Palästinas.

632–1492 Von der arabischen Expansion bis zur Vertreibung aus Spanien.

Das Römische Reich zerfällt im Westen infolge der Völkerwanderung in ethnisch und religiös unterschiedliche Staaten. Das Lateinische wird zur Sprache des christlichen Klerus und einer dünnen Gelehrtenschicht. Die Juden übernehmen mit der Zeit die aufkommenden Volkssprachen und verwenden zur internen Verständigung wieder mehr das Hebräische. Mit dem Bedarf an Fernhandelsverbindungen rücken jüdische Kolonien im Zug der Urbanisierung nach Norden und Nordosten vor. Geduldet werden Juden auf Grund zweier Voraussetzungen: (1.) In der Nachfolge der römischen Imperatoren werden die Juden seit 70 n. Chr. als spezielle Untertanen/Sklaven des Kaisers angesehen, was ungewöhnliche Privilegien und entsprechende steuerliche Lasten mit sich bringt. (2.) Die kirchliche Lehre von der Knechtschaft der Juden als Folge der Ablehnung Christi, mit dem Bestreben, dies für Gläubige auch sichtbar zu machen. In jüdischen Augen bleiben die Christen jedenfalls *Edom* (Rom) und götzendienstverdächtig, daher dringen rabbinische Autoritäten auf strenge Abgrenzung.

Im islamischen Bereich übernehmen die unterworfenen Völker Religion und Sprache der Eroberer. Es folgt eine verblüffend rasche und ungemein innovativ wirkende Adaptierung des vielfältigen, hellenistisch und orientalisch geprägten zivilisatorischen und kulturellen Erbes der Antike an die neue Religion. Der Islam gewährt den Besitzern schriftlicher Offenbarungen (*ahl al-kitāb*), also Juden und Christen, den Status von Vertragsschützlingen (*ahl adh-dhimma*). Im sogenannten Omar-Vertrag wird dieses Prinzip fixiert, in der Anwendung verfahren dann aber einzelne islamische Herrscher und Staaten freilich unterschiedlich. Die Duldung der Minderheiten (mit weitreichender interner Autonomie) erfolgt um den Preis einer Kopfsteuer und unter einschränkenden Bedingungen, um die Überlegenheit des Islam zu demonstrieren.

Das jüdische Recht anerkennt den Islam als monotheistische Religion und daher ist das Verhältnis zu den Muslimen nicht von den strengen Absonderungsgesetzen belastet, die gegenüber Götzendienern und Götzendienst gelten. Und da die Juden alsbald das Arabische als Umgangs- und Literatursprache übernehmen, haben die Gebildeten unter ihnen auch Anteil an der islamisch-arabischen Kultur und Wissenschaft, vermitteln sie an die benachbarten Diasporagebiete in der christlichen Welt und damit auch dem christlichen Abendland.

632–636 Nach dem Tod des Propheten Mohammed (632) werden unter dem Kalifen Abu Bakr (632–634) die Grundlagen der islamischen Religion fixiert und der Koran als offenbartes Buch anerkannt. Der Kalif Omar (634–644) begründet mit weitreichenden Eroberungen (Syrien, Palästina, Persien, Ägypten, Nordafrika) die islamische Weltmacht. Im Jahr 636 schlägt er das byzantinische Heer am Jarmuk.

633 Das IV. Konzil von Toledo widmet dem Thema Juden die Kanones 57 bis 66. Die Praxis der Zwangstaufen unter König Sisebut (612–621) mit der Folge der Existenz von Geheimjuden wird zwar grundsätzlich verurteilt, die Gültigkeit der Taufen aber bestätigt; Kanon 60 fordert, daß jüdische Kinder von ihren Eltern getrennt und Klöstern zur christlichen Erziehung anvertraut werden. Kanon 63 wiederholt das Verbot für Juden, christliche Frauen zu halten. Kanon 64 spricht rückfälligen zwangsbekehrten Juden die Testierfähigkeit ab und Kanon 65 schließt sie von öffentlichen Ämtern aus. Kanon 66 wiederholt das Verbot der Haltung christlicher Sklaven.

637/8 Eroberung Jerusalems und alsbald auch Syriens/Mesopotamiens durch die Araber. Das Amt des Exilarchen wird von den Eroberern anerkannt und seine Befugnisse werden erweitert. Die babylonischen Schulen erringen in der gesamten Diaspora autoritative Geltung und beantworten auf verbindliche Weise Anfragen bezüglich aktueller Rechtsfragen. Auf diese Weise entsteht eine umfangreiche Responsenliteratur, die zu einer bedeutenden Quelle des jüdischen Rechts wird.

648 Das VI. Konzil von Toledo wiederholt die bisherigen Verordnungen und fordert wegen der *inflexibilis Judaeorum perfidia* von jedem künftigen Thronfolger einen Eid, keine Nichtkatholiken im Reich zu dulden. Für getaufte Juden wird eine umfangreiche, glaubensbekenntnisähnliche Eidesformel zur Bekräftigung ihrer Rechtgläubigkeit vorgesehen; 654 müssen die getauften Juden in Toledo einen solchen Glaubenseid leisten.

655/56 Das IX. Konzil von Toledo verordnet in Kanon 17, daß getaufte Juden öffentlich und unter Aufsicht des Bischofs die christlichen Feste feiern. Das X. Konzil von Toledo (656) erörtert in Kanon 7 weitläufig das Problem christlicher Sklaven und Frauen in jüdischen Haushalten.

661 Ali, der Schwiegersohn Mohammeds, wird ermordet. Seine Anhänger verehren ihn als rechtmäßigen Nachfolger Mohammeds und begründen die politisch-religiöse Richtung der *Schi`ah* in Opposition zur vorherrschenden *sunnitischen* Richtung. Die Schiiten entwickeln als meistens unterdrückte Minderheit eine besondere Tradition und Ideologie des Märtyrertums und verhalten sich, wenn sie an der Macht sind, in der Regel intolerant, auch gegenüber der jüdischen Religion.

661–750 Herrschaft der Omajjaden-Dynastie mit Damaskus als Hauptstadt.

661–680 Kalif Mu`awijja. In Kleinasien und Nordafrika werden die Eroberungen fortgesetzt. Im Zuge dessen kommt es von Mesopotamien aus zu einer jüdischen Westwanderung über Nordafrika, wodurch babylonisch-jüdische Traditionen auch dort Fuß fassen.

673 Westgotenreich: Die Beteiligung von Juden an einer gescheiterten Revolte des Grafen Hildaric führt zu einer Judenverfolgung in Narbonne.

681 Die XII. Synode von Toledo listet in Kanon 9 alle bisherigen Entscheidungen bezüglich der Juden auf. Westgotenkönig Ervig leitet entsprechend verschärfende Maßnahmen ein.

681 Eine ergänzte Ausgabe des *Liber iudiciorum* von 654 wird Rechtsbasis im Westgotenreich. Es bleibt in Frankreich und Spanien für Jahrhunderte maßgeblich und enthält die meisten der älteren einschränkenden Verordnungen bezüglich der Juden. Das Eherecht wird teilweise christlichen Normen unterworfen.

691 Der Kalif Abd el-Malik beginnt den Bau des Felsendomes auf dem Platz des einstigen salomonischen Tempels in Jerusalem und wird dabei angeblich von jüdischen Gewährsleuten beraten.

694 Das XVII. Konzil von Toledo wirft in Kanon 8 (*De Iudaeorum damnatione*) den Juden in Spanien vor, mit ihren Glaubensbrüdern im Ausland gegen die Krone zu konspirieren, und in der Erwartung, ihre Zeit sei gekommen, Massaker an Christen begangen zu haben.

711 Arabische Invasion in Südspanien, Eroberung Toledos und in der Folge Eroberung fast der ganzen iberischen Halbinsel und von Teilen Südfrankreichs. Die jüdischen Gemeinden, im Westgotenreich zuletzt schwer bedrängt, begrüßen und unterstützen die Eroberer als Befreier und erlangen dadurch günstige Positionen.

717–720 Kalif Omar II ibn `Abd al-`Aziz. 719/20 brechen messianische Bewegungen unter Juden in Syrien und in Spanien aus.

732 Karl Martell stoppt in der Schlacht von Tours und Poitiers die arabische Eroberungswelle im Westen.

744–749 Kalif Marwân II. ibn Muhammed. Mit seinem Tod findet die Omajjadendynastie ein gewaltsames und blutiges Ende. Nur Prinz Abderrachman entkommt nach Westen (>755).

750–1258 Herrschaft der Abbasiden-Dynastie mit Bagdad als Hauptstadt. In diesem Zeitraum formiert sich im Orient die antirabbinische Bewegung der «Karäer». Den Anstoß gab im 8. Jh. ein Nachfolgestreit im Haus des Exilarchen, den Anan ben David verlor. Er sammelte danach oppositionelle Gruppen um sich, von asketisch-frommen, endzeitorientierten Bußbewegungen (*Trauernde um Zion*) bis zu unzufriedenen Intellektuellen. Um den rabbinischen Autoritätsanspruch zu unterminieren, bestreiten die Karäer, daß die *mündliche Tradition* auf der Sinaioffenbarung beruht und beschränken diese auf die biblischen Schriften (*miqra´*; daher der Name *Karäer*). In der Folge bemühen sie sich intensiv um die Standardisierung und Pflege der Bibeltext-Überlieferung (Masorah) und stellen mit sprachwissenschaftlich und philosophisch-theologisch gebildeten jüdischen Autoren auch die frühesten Bibelexegeten in arabischer Sprache, was auf der *rabbinischen* Seite entsprechende Bemühungen provoziert. Im Orient erreichen die Karäer zwischen dem 9. und 11. Jh. zeitweilig die Mehrheit der Judenheit und werden vom Kalifenhof als besondere Gruppe anerkannt. Doch nach 1200 geraten sie ins Hintertreffen und halten sich danach nur mehr in kleiner Zahl in bestimmten Regionen (Byzanz, Krim, zuletzt Baltikum und Palästina).

755 Gründung des selbständigen omajjadischen Emirats (929 Kalifats) von Córdoba durch Abderrachman I.

Ca. 755 Auftreten des Endzeitpropheten Abu Isa ben Jakob (Obadja) in Isfahan. Seine Anhängerschaft wirkt bis ins 10 Jh. in sektenhaften Zirkeln weiter.

768 Papst Stephan III. (768–772) tadelt die Privilegien der jüdischen Gemeinde von Narbonne und die mangelhafte Trennung der Wohnbereiche.

786–814 Karl der Große, König der Franken, ab 774 auch der Langobarden, wird Ende 800 in Rom durch den Papst zum römischen Kaiser gekrönt. Ein Jude dient ihm als Vermittler von Kontakten zum Hof des Kalifen Harun al-Rašid (786–809) in Bagdad.

814–840 Kaiser Ludwig der Fromme. Von ihm stammen Schutzzusicherungen an einzelne prominente Juden, aber auch Anweisungen für ganze Gebiete des Reiches. Es werden Religionsfreiheit, Rechtsautonomie und das Recht zur Sklavenhaltung gewährt, ungeachtet bereits vorhandener, anders gearteter kirchlicher Beschlüsse. Es wird damit ein neuartiges Judenrecht geschaffen, das in der Privilegierung einzelner Personen, Familien oder Gemeinden durch einzelne Herrscher besteht. Die Inhalte entsprechen zum Teil den Regelungen, die man damals für den Fernhändler allgemein für nötig hielt, zum Teil den spezifisch jüdischen Bedürfnissen nach Absonderung und Rechtsautonomie.

822–827 Erzbischof Agobard von Lyon, wie sein Nachfolger Amulo gegen Kontakte zwischen Christen und Juden, versucht die Juden von Lyon zur Bekehrung zu drängen und jüdische Kinder zwangsweise christlich erziehen zu lassen. Dadurch gerät er mit dem Kaiser in Konflikt. Unterstützt wird er durch den Gelehrten Floris von Lyon mit seinen Kompilationen judenfeindlicher Verordnungen *De coercione Iudaeorum* und *De fugiendis contagiis Iudaeorum*. Im Jahr 827 publizierte Agobard selbst seine polemische Schrift *De iudaicis superstitionibus* (Über den jüdischen Aberglauben).

838 Der prominente Gelehrte Bodo verläßt den Hof des Kaisers, zieht nach Spanien und wird in Saragossa Jude (Eleazar).

839/40 [4600] (22. Febr.) Verordnung Ludwigs des Frommen in Frankfurt zugunsten der Juden Gaudiocus, Jacobus und Vivacius und deren Söhne, die ihren durch christliche Übergriffe verlorenen Haus- und Grundbesitz restituiert erhalten.

845/46 Die Synoden von Meaux und (846) Paris, einberufen unter Karl dem Kahlen (843–877), greifen in Kanon 73 auf die Gesetze der frühen christlichen Kaiser Roms, der westgotischen Könige und älterer Synoden zurück. Kanon 75 wiederholt die Forderung im Kanon 60 des IV. Konzils von Toledo, jüdische Kinder von ihren Eltern zu trennen, um sie christlich zu erziehen.

849 Der Kalif Mutawwakil (847–861) verordnet bestimmte Kleidungs-Kennzeichen für Nichtmuslime.

869–875/7 Amram ben Scheschna Gaon. Er beantwortete eine Anfrage aus

Nordafrika bezüglich der korrekten Gebetsordnung und sandte als Responsum den *Sedär Rab `Amram Ga'ôn*, dem später auch Gebetstexte eingefügt werden.

876/77 Ein gewisser Juda/Judacot verkehrt zwischen Barcelona und dem Hof Karls des Kahlen und überbringt dem Bischof von Barcelona 10 Pfund Silber für die Reparatur seiner Kathedrale.

Ca. 880 Ein angeblicher Abgesandter von den *verlorenen 10 Stämmen Israels* namens Eldad ha-Dani (vgl. >1524 David ha-Re'ubeni) tritt auf und berichtet Eigentümliches über seine Heimat. Sein Erscheinen wird als Anzeichen für die nahe Heilswende gewertet und erregt viel Aufsehen.

886 Unter Kaiser Leon VI. von Byzanz (886–912) wird die *Basilika* vollendet, eine umfassende Kodifizierung des römisch-byzantinischen Rechts. Für den Status der Juden im byzantinischen Reich war dieses Werk von hoher Bedeutung, wird doch garantiert, daß friedfertig lebende Juden nicht behelligt werden dürfen.

9./10. Jh. Die in Babylonien und Palästina verschieden und uneinheitlich verlaufene Überlieferung (*Masorah*) des hebräischen Bibeltextes wird von den Familien des Aaron ben Ascher und Mose ben Naftali in Tiberias standardisiert.

10. Jh. Die Konversion des Herrscherhauses und der Oberschicht der Khazaren (westl. Zentralasien, Gebiet nördlich des Kaukasus) zum Judentum erregt in der jüdischen Welt Endzeithoffnungen. Die Khazaren behaupten ihre Unabhängigkeit zwischen der islamischen und byzantinischen Macht bis zum Mongolensturm und der folgenden Expansion Rußlands.

912 Im maurischen Spanien setzt eine über Jahrhunderte anhaltende kulturelle Blütezeit ein. Die Juden haben an der maurischen Kultur vollen Anteil und entwickeln gerade dabei ein profiliertes Selbstbewußtsein. Es entsteht eine an der hebräischen Bibel orientierte Pflege des Hebräischen als Literatursprache in Analogie zur arabischen Sprachwissenschaft. Die hebräische Dichtung erreicht ihr *goldenes Zeitalter*, löst sich von der engen Bindung an die synagogale Liturgie und wird so vom streng themen- und zweckgebundenen **Pijjut** zur profanen und religiösen Lyrik. Auf dem Gebiet des jüdischen Rechts bleiben aber die babylonischen Schulen weiterhin maßgebend.

912–961 Emir (ab 629 Kalif) Abderrachmans III. Unter ihm vertritt der

Staatsmann, Mäzen und Arzt Chasdaj ibn Shaprut (geb. ca. 915) die Judenheit Andalusiens. Als Politiker bestimmt er die Außenpolitik des Kalifen und knüpft auch Verbindungen mit den christlichen Herrschern. Er unterhält enge Kontakte zu den Gemeinden in Nordafrika und zu den babylonischen Schulen. In seinem Haus finden prominente Dichter und Gelehrte großzügige Unterstützung. Zwischen Chasdaj ibn Shaprut in Córdoba und dem jüdischen Khazarenkönig Josef (Zentralasien) kommt es zu einem bemerkenswerten Briefwechsel.

932/5 Tod des Arztes Isaak ben Salomo Israeli (Ägypten/Nordafrika). Der durch den islamischen Philosophen al Kindi (gest. 873) beeinflußte, neuplatonisch orientiere Religionsphilosoph verfaßte mehrere medizinische Schriften, von denen einige in lateinischer Übersetzung bekannt werden.

936–1024 Die Zeit der Ottonen-Dynastie. Städte und Fernhandel gewinnen an Bedeutung, und in diesem Zusammenhang entstehen auch jüdische Handelsniederlassungen entlang der großen Handels- und Verkehrswege nord- und ostwärts.

942 Tod des Gaon von Sura, Saadja ben Josef al-Fajjumi (geb. 882 in Ägypten). Er begründete fast alle rabbinisch-jüdischen Wissenschaftszweige in arabischer Sprache, und sein Einfluß dämmte die karäische Bewegung effektiv ein. Seine (arabische) Darstellung des jüdischen Glaubens erzielte in hebräischer Übersetzung als *Buch der Glaubenssätze und Glaubensmeinungen* eine enorme Nachwirkung. Er schuf auch arabische Übertragungen biblischer Bücher mit Kommentaren. Sein *Siddûr* (Gebetbuch) ist das erste erhaltene jüdische Gebetbuch mit Texten überhaupt und bewirkte eine Liturgiereform. Der Textbestand der Gebete wird stabilisiert und vereinheitlicht und die variantenreichen und umfangreichen Stücke der synagogalen Dichtung werden gesichtet und reduziert. Von Saadja selber stammen zahlreiche synagogale Dichtungen.

943 Judenverfolgung in Byzanz.

960/65 Der jüdische Kaufmann Ibrahim ibn Ja`qub aus Tortosa bereist Polen.

Ca. 965/980 Ein anonymer Autor kompiliert im byzantinischen Italien unter dem Namen Josippon (nach Flavius Josephus) eine jüdische Geschichte. Achimaatz ben Paltiel verfaßt in der selben Region die *M^{e}gillat ʿAchîmaʿatz*, eine hebräische Familienchronik in Reimprosa mit teils sagenhaften, teils historisch interessanten Inhalten.

969–1171 Die Dynastie der (schiitischen) Fatimiden herrscht über Ägypten und Palästina. Für die Juden des Landes beginnt trotz gelegentlicher Spannungen eine vergleichsweise vorteilhafte und kulturgeschichtlich bedeutende Periode. Diese wird wie die folgende Ayyubidenzeit durch zahlreiche Dokumente belegt, die in einem Archiv auf dem Dachboden einer Synagoge in Altkairo erhalten geblieben sind und gegen 1900 wieder entdeckt wurden (*Kairoer Geniza*).

973–991 Der Jude Ja`qub ibn Killis wird nach wechselhaftem Schicksal im Staatsdienst in Ägypten und Nordafrika 973 unter al-Mu`izz mit den Finanzen des Reiches betraut und wird 977 Wezir.

987 *Brief des Scherira Gaon.* Scherira ben Chananja, Gaon von Pumbedita (gest. ca. 1006), beantwortet eine Anfrage aus Kairuan bezüglich der mündlichen Tradition. Diese Konstruktion einer lückenlosen Traditionskette ab Mose mit chronologischer Anordnung der tannaitischen und talmudischen Gelehrten nach Generationen bestimmt in orthodoxen Kreisen heute noch das Geschichtsbild.

994 Judenfeindlicher Zwischenfall in Limoges (*Ma`asäh nôra'*)

996–1021 Herrschaft des Chakim bin-`Amr Allah in Ägypten/Palästina. Schiitische Endzeiterwartungen gefährden den Status der Juden und verursachen Irritationen.

1005 Der Priester Vecelin flieht auf islamisches Gebiet und konvertiert zum Judentum.

1008/12 Burchard von Worms (965–1025) verfaßt seine weit verbreitete und einflußreiche Kompilation *Decretum* (*Liber decretorum/Collectarium*), Basis für die Werke des Ivo von Chartre und Grazian. Es enthält u. a. 20 prägnant formulierte Passagen zum Themenkomplex Juden und Judentum.

1010–12 In Ägypten kommt es zu Judenverfolgungen (*Megillat Miçrajim*), ebenso 1010 in Rouen und Limoges.

1024–1125 Dynastie der Salier. Unter ihrer Herrschaft gewinnt das *aschkenasische* Judentum ökonomisch an Bedeutung und entfaltet ein eigenständiges kulturelles Profil.

1028 Tod des Gesetzesgelehrten Gerschom ben Jehuda (geb. ca. 960), *Leuchte des Exils*. Er wirkte in Mainz und mit seinem Namen verbinden sich *Taqqanôt* (Verordnungen) der rheinischen Gemeinden Mainz, Worms und Speyer. U. a. wird die Monogamie vorgeschrieben, die im ganzen aschkenasischen Judentum zur Norm wird.

1031 Zerfall des Kalifats von Córdoba und Aufstieg der Reiche Kastilien-León und Aragon. In der Folge kommt es zu raschen Fortschritten der christlichen Reconquista (Wiedereroberung). Der Status der jüdischen Gemeinden wird zunächst nicht in Frage gestellt, denn die christlichen Könige sind auf jüdische Experten für Staatsverwaltung und Finanzwesen angewiesen. Sie statten die jüdischen Gemeinden daher mit Privilegien aus und betrauen Juden mit der Verwaltung konfiszierter maurischer Besitztümer.

1055/6 Tod des Samuel ha-Nagid. Er war Staatsmann und Feldherr im Dienste Granadas, ein großzügiger Mäzen und gefeierter hebräischer Dichter. Sein Sohn Jehosef, ebenfalls im Staatsdienst, wird Opfer einer Palastrevolte.

1056–1106 König Heinrich IV., ab 1084 römischer Kaiser. Der Machtkampf zwischen Kaiser und Papst führt zu einer Schwächung der Zentralgewalt, und das wirkt sich verhängnisvoll für jüdische Gemeinden aus, die plötzlich in Bedrängnis geraten.

1057 ff. Reconquista: Saragossa wird christlich.

1058/60 Tod des hebräischen Dichters und neuplatonischen Philosophen Salomo ben Jehuda ibn Gabirol (geb. ca. 1020) im maurischen Spanien. Seine von biblisch-jüdischen Merkmalen freie Schrift *Lebensquelle* ist nur in lateinischer und teilweise in hebräischer Übersetzung erhalten geblieben.

1059 Beginn der Normannenherrschaft in Süditalien und auf Sizilien. Es kommt zu einer gedeihlichen Koexistenz der islamischen, christlichen und jüdischen Bevölkerungsteile.

Ca. 1060–ca. 1180 Wirkungszeit des neuplatonisch und an den islamischen *Lauteren Brüdern* orientierten Religionsphilosophen Bachja ben Josef ibn Paquda in Spanien. Sein arabisches *Buch der Herzenspflichten*, eine Darlegung der Glaubensinhalte des Judentums mit dem besonderen Anliegen einer Verinnerlichung der Frömmigkeit, wird in hebräischer Übersetzung zu einem der am meisten gelesenen Bücher.

1063 Papst Alexander II. (1061–1073) verspricht allen Absolution, die gegen die Moslems kämpfen. Er lobt in Briefen an die Bischöfe Spaniens und an Bischof Berengar von Narbonne, daß Juden gegen Übergriffe der christlichen Kämpfer geschützt wurden, und unterscheidet sie als *Dienstwillige* von den christenverfolgenden *Sarazenen.*

1065–1109 Alfonso VI. von León/Kastilien. Er war den Juden sehr gewogen und hatte mehrere in seinem Dienst.

1066 Beginn der Normannenherrschaft in England; Juden aus Nordfrankreich siedeln nun auch in England und werden v. a. im Geldgeschäft tätig.

1068 = 1000 Jahre Exil nach der Zerstörung des 2. Tempels (>70). Das Datum stimuliert messianische Erwartungen.

1073–1085 Papst Gregor VII. In einem Schreiben an Alfonso VI. (1065–1109) rügt er, daß in Kastilien Juden über Christen gesetzt werden.

1073 Das Königreich Granada wird geteilt und Malaga abgespalten. Granada wird auch für Juden erneut ein kultureller Schwerpunkt.

1075–1094 Sultan al-Muqtadi in Ägypten/Palästina. Unter ihm setzte eine verschärfte Minderheitenpolitik in bezug auf Kleidervorschriften und Kopfsteuer ein und es kommt auch zu Judenverfolgungen.

1084 (13. Sept.) Privilegien des Bischof Huozman von Speyer. Die in die Bischofstadt zugezogenen Juden erhalten das Recht auf ein eigenes, zu ihrem Schutz abgemauertes Wohnviertel, und ein Grundstück für einen eigenen Friedhof. Als Gegenleistung entrichten sie dem Bischof eine jährliche Abgabe. Ihnen wird freie Handelstätigkeit zugesichert. Der *Archisynagogus* soll sie (wie der Stadttribun die Nichtjuden) nach den eigenen Gesetzen richten; in unentscheidbaren Fällen können sie an den Bischof appellieren. Sie werden zur Bewachung und Verteidigung ihres Viertels verpflichtet, erhalten das Recht zur Haltung nichtjüdischen Gesindes und zum Verkauf rituell untauglichen Fleisches an Nichtjuden.

1085/86 Reconquista: Alphons VI. übernimmt durch Vertrag Toledo, das Hauptstadt von Kastilien wird.

1087/8 Messianische Bewegung in Frankreich.

1090–1116 Bischof Ivo von Chartres hat als Verfasser maßgeblicher Gesetzessammlungen das christliche Verhältnis zu den Juden für lange Zeit definiert. Sein *Decretum* fußt auf dem gleichnamigen Werk des Burchard von Worms (> 1008), ist aber systematischer angelegt. Obwohl er die üblichen Vorschriften zur Abgrenzung der beiden Religionsgemeinschaften aufgreift, verneint er die Rechtmäßigkeit von Zwangsbekehrungen und bestätigt herkömmliche Rechte der Juden. Er schränkt auch die Forderung, jüdische Kinder von ihren Eltern zum Zweck christlicher Erziehung zu trennen, auf Getaufte ein. Allerdings nimmt er auch Kanon 33 der III. Synode von Orleans auf, daß Juden zwischen Gründonnerstag und Ostermontag nicht öffentlich in Erscheinung treten dürfen.

1090 (19. Febr.) Privileg Kaiser Heinrichs IV. für Speyer und Worms (erneuert 1157 durch Friedrich I.). Der Kaiser gibt auf Bitten des Judas ben Qalonymus und David ben Meschullam diesen und ihren Zugehörigen im Einvernehmen mit dem Bischof von Speyer eine Schutzzusage bezüglich ihrer Person und ihres Eigentums. Er gewährleistet zollfreien Handel innerhalb des Reiches und auch sonstige Handelsfreiheit, Unverletzlichkeit der Häuser und Freistellung von gewissen Abgaben sowie Schutz vor Zwangstaufe. Die Haltung christlichen Gesindes wird erlaubt, Rechtsgleichheit vor nichtjüdischen Gerichten bei Verschonung vor Folter und Gottesurteilen gewährt. Die Rechtsautonomie in internen Belangen wird bestätigt.

1092 (20. Mai) Die Synode von Szabolcs in Ungarn verbietet Juden die Haltung christlicher Frauen und Sklaven. König Koloman (1095–1114) bestätigt die Verordnung. Ansonsten scheint der Status der Juden günstig gewesen zu sein, einige Juden erreichen hohe Staatsämter, manche sind v. a. im Finanz- und Münzwesen tätig.

1095 Religiös intolerante Berberstämme aus Nordafrika unterwerfen nach und nach die maurischen Staaten Spaniens.

1096 Beginn des 1. Kreuzzugs. Ausschreitungen gegen jüdische Gemeinden führen zu Zwangstaufen und Martyrien, sogar zu Selbstmordaktionen. Besonders gelitten haben die Gemeinden von Metz, Mainz und Speyer. In Ungarn kommt es zu Konfrontationen zwischen königlichen Truppen und Kreuzfahrern; auch hier werden jüdische Gemeinden angegriffen.

1099 Blutige Eroberung Jerusalems durch die Kreuzfahrer. Auch die jüdische Gemeinde wird vernichtet.

11./12. Jh. Aufstieg der jüdischen Gemeinde von Troyes in der Champagne und der rheinischen Gemeinden Worms und Speyer.

1101–1134 Alfons I. von Aragon. Er begünstigt zwar im Rahmen der Reconquista jüdische Gemeinden, läßt aber auch die judenfeindlichen französischen Ritter und Benediktiner gewähren. Unter seiner Patronanz konvertiert Mose ha-Sefaradi (Petrus Alfonsi), der sich danach als antijüdischer Autor profiliert.

1103 (6. Jan.) Heinrich IV. läßt in Mainz die *Pax Moguntina* beschwören, die u. a. auch die Juden als Schutzwürdige einbezieht.

1103 Tod des Gesetzesgelehrten Isaak ben Jakob Alfasi in Nordafrika. Sein Kompendium *Sefär h^{a}lakôt* bzw. *Hilkôt ´Alfas* besteht in Exzerpten der verbindlichen talmudischen Rechtssätze in der Folge der einschlägigen talmudischen Traktate und ist das erste von vier maßgeblich gewordenen Sammelwerken des jüdischen Rechts, gefolgt von den *´Arba´ah Tûrîm* des Jakob ben Ascher, dem *Mišneh Tôrah* des Mose ben Maimon und dem *Šûlchan `aruk* des Josef Karo.

1102/17 Messianische Bewegungen in Spanien, v. a. Córdoba.

1105 Tod des Salomo ben Isaak (*Raschi*) in Troyes. Seine Kommentare zur Bibel und zum Talmud, in denen er die Auslegungstraditionen bis zum 1. Kreuzzug konzis zusammengefaßt hat, werden zu allgemeinjüdischen Standardwerken, in Bibel- und Talmudausgaben meist mit abgedruckt und in den Schulen mit dem Text gelernt.

1109 (Juni) Tod des kastilischen Königs Alfons VI. und Ausbruch von Unruhen. Angriffe auf königliche Besitzungen und Juden.

1115/18 Reconquista: Alfons I. von Aragon erobert Tudela. Die Muslime werden aus der Stadt ausgesiedelt, aber vorläufig toleriert. Die Juden, die schon vor der Belagerung die Stadt verlassen hatten, erhalten all ihren Besitz garantiert und zahlen dem König dieselben Steuern wie zuvor. Saragossa kapituliert 1118 zu den Bedingungen von Tudela.

1120–1128 Messianische Bewegungen in Bagdad, in Palästina und in Nordafrika (Fez).

Ca. 1136 Tod des hebräisch schreibenden Astronomen, Geographen und Religionsphilosophen Abraham bar Chijja in Spanien.

1138–1254 Dynastie der Stauffer. Für die jüdischen Gemeinden bedeutete die Staufferherrschaft eine Zeit der Rechtssicherheit und der kulturellen Blüte. Im elsäßisch-rheinisch-fränkischen Gebiet entwickelt sich das

Jüdisch-Deutsche und verdrängt allmählich das Romanische als jüdische Umgangssprache.

1139/40 [3900] (frühestens) Tod des hebräischen Dichters und Literaturkritikers Mose ben Jakob ibn Ezra in Spanien.

1141 Tod des spanisch-jüdischen Arztes, Theologen und hebräischen Dichters Jehuda ben Samuel Hallevi, der gegen Lebensende ins Land Israel auswanderte. Er verfaßte auf Arabisch eine philosophiekritische Darstellung der jüdischen Religion in Form von Dialogen zwischen jenem Khazarenkönig, der zum Judentum übergetreten war, mit einem Philosophen, einem Muslim und einem Christen. In hebräischer Übersetzung (*Sefär ha-Kûzarî,* «Buch des Khazaren») findet das Werk weite Verbreitung und bestimmt das traditionelle jüdische Geschichtsbewußtsein bis heute.

1146–1149 Zweiter Kreuzzug. Kreuzzugpredigten des Bernhard von Clairveaux (gest. 1153) erregen eine militante Stimmung, werden im Rheinland aber übertroffen durch die plumpe judenfeindliche Hetze des Mönchs Radulph, gegen den Bernhard schließlich selber Front macht. Die Gemeinden in Magdeburg und Halle werden vertrieben, in Würzburg wird Isaak ben Eljaqim mit mehr als 20 Gemeindemitgliedern getötet. In den Jahrzehnten danach erlebt die Würzburger Gemeinde aber dennoch einen beachtlichen Aufschwung.

1148 (1134?) Messianische Bewegung des David Alroy in Persien.

1148 (Dez.) Reconquista: Tortosa kapituliert zu ähnlichen Bedingungen wie Tudela >1115. Der Wiederaufbau der durch den Krieg schwer getroffenen jüdischen Gemeinde wird durch Zuteilung eines befestigten Viertels und von konfiszierten maurischen Grundstücken gefördert.

1149 Eine religiös fanatische Berberdynastie unterwirft nach und nach die maurischen Gebiete. Die Zeit der Toleranz gegenüber Juden und Christen ist im islamischen Spanien zu Ende.

1149 (Okt.) Reconquista: Der Graf von Barcelona erobert Lerida. Auch hier werden den Juden günstige Bedingungen geboten.

1149 Tod des neuplatonisch orientierten Religionsphilosophen Josef ben Jakob ibn Zaddik in Spanien. Sein arabisches Hauptwerk fand in hebräischer Übersetzung als *Sefär ha-`ôlam ha-qaṭan* (Buch des Mikrokosmos) eine breite Leserschaft.

1157 (31. März) Ein Edikt des Kaisers Friedrich I. Barbarossa (1152–1190) in Bezug auf die Juden in Worms bestätigt und ergänzt die Privilegien Heinrichs IV. von 1090.

1158 Der aus Córdoba stammende Arzt, Gesetzesgelehrte und Religionsphilosoph Mose ben Maimon (1135–1204), auch Maimonides und abgekürzt RMB"M genannt, nimmt seine Tätigkeit in Alt-Kairo auf. Er wirkt als Arzt auch am Fatimidenhof und repräsentiert viele Jahre die Judenheit Ägyptens. 1158 beginnt er mit der Abfassung seines arabischen Mischna-Kommentars, den er nach 10 Jahren vollendet. Ins Hebräische übersetzt, wird er zum Standardwerk.

1159–1172 Benjamin von Tudela in Spanien reist innerhalb dieses Zeitraums über Frankreich, das Rheinland, Süddeutschland, Italien und Ägypten ins Land Israel. Sein Reisebericht ist eine aufschlußreiche Quelle für die Verhältnisse in der jüdischen Diaspora des Mittelalters.

1162–1196 Alfons II. von Aragon. Er ernannte Jachja ben David zum *baiulus* seiner Besitzungen. Ihm und Pedro II. (1196–1213) dient auch der wohlhabende und gelehrte Hofarzt Scheschet ben Isaak Benveniste von Saragossa, der hohe Ehren genießt und im Jahr 1200 eine Gesandtschaft nach Marokko anführt.

Ca. 1163/4 Tod des Abraham ben Meir ibn Ezra. Er war ein weit und viel gereister Bibelkommentator, neuplatonischer Theologe, Grammatiker und hochgeschätzter hebräischer Dichter aus Spanien. Seine Bibelkommentare werden in den sog. *Rabbinerbibeln* mit abgedruckt. Seine Beobachtungen nehmen manchmal Erkenntnisse der modernen Bibelwissenschaft vorweg.

1170 Tod des Bibelkommentators und Hebraisten Josef ben Isaak Qimchi, auch Maître Petit genannt. Er wirkte in Spanien und Südfrankreich und genoß hohes Ansehen. Im *Sefär ha-b^{e}rît* (Buch des Bundes) unterzog er das Christentum einer ausgeprägt rationalen Kritik.

1170/80 Mose ben Maimon verfaßt in hebräischer Sprache seinen Gesetzeskodex *Mišneh tôrah* (auch: *Jad ha-chazaqah*) in 14 Büchern. Als einziges Werk dieser Art umfaßt es die gesamte Schriftliche wie Mündliche Torah, also das ganze jüdische Recht, und wird entsprechend oft aktualisierend kommentiert.

1170/80 Abfassung der *Milchamôt ^{a}dônaj* (Kriege des Herrn) durch Jakob ben Re´uben in Spanien/Südfrankreich, einer antichristlichen Streitschrift mit gediegenen Kenntnissen der christlichen Religion und des Neuen Testaments.

1171 (25./26. Mai) In Blois wird der Vorwurf erhoben, Juden hätten zum Passahfest ein Christenkind gekreuzigt. Sie werden verhaftet und nach einer Wasserprobe zum Feuertod verurteilt.

1173 Mose ben Maimon nimmt im *Brief an die Jemeniten* zum Auftreten eines Endzeitpropheten bzw. Messiasprätendenten im Jemen Stellung. Dabei legt er die strengen Kriterien für Prophetie und Messiaswürde dar und empfiehlt, den Unruhestifter an die islamische Obrigkeit auszuliefern, um Schlimmeres zu verhüten.

1179 Das III. Laterankonzil fordert die Trennung der Lebensbereiche von Christen und Juden.

1179 Die Erneuerung des rheinisch-fränkischen Landfriedens unter Kaiser Friedrich I. erwähnt unter den Schutzwürdigen auch «die Juden, die dem kaiserlichen *fiscus* zugehören» (>1103: nur «Juden»).

1180–1190 Mose ben Maimon verfaßt nach und nach auf Arabisch sein religionsphilosophisches Werk *Führer der Verwirrten*. Es gibt in zwei hebräischen Übersetzungen der jüdischen Geistesgeschichte entscheidende Impulse und Anlaß zu heftigen Kontroversen.

1180 Tod des Religionsphilosophen Abraham ibn Daud in Spanien. Sein arabisches Werk *Der erhabene Glaube* sucht erstmals jüdische Tradition und aristotelische Philosophie zu vereinen. Außerdem verfaßte er eine Geschichte der mündlichen Tradition (*Die Traditionskette*) zur Widerlegung der Karäer.

Ca. 1180 Abfassung des Buches *Bahîr* (Heller Schein) in Südfrankreich. Es ist das erste kabbalistische Buch von größerer Nachwirkung.

1181–1198 Judenfeindliche Maßnahmen des französischen Königs Philipp II. August (1180–1223). Es kommt 1182 zur Vertreibung und Enteignung der Pariser Juden und zur Umwandlung von Synagogen in Kirchen.

1186 (Sept.) Eine auffällige Planetenkonjunktion beflügelt Endzeiterwartungen im Islam, im Judentum und im Christentum.

1187 Sultan Saladin (1175–1193) schlägt bei den *Hörnern von Hattin* ein christliches Heer vernichtend und erobert Jerusalem. Unter den Juden verstärkt dies Hoffnungen auf den Fall *Edoms* und den Übergang zur messianischen Gottesherrschaft.

1189–1192 Dritter Kreuzzug. Zur Zeit der Krönung Richard III. von England brechen 1189 heftige Ausschreitungen gegen Juden aus. In York wählen am 16. März 1190 ca. 150 Juden das Martyrium durch Selbstmord.

1190 ff. Erster maimonidischer Streit. Samuel ben Ali (1164–1193/4), Schulhaupt von Bagdad, ein unerbittlicher Traditionalist, bezweifelt die Ernsthaftigkeit des Maimonides bezüglich der Auferstehung des Leibes. Die Frage wird zu Anfang des 13. Jh. auch in Südfrankreich/Nordspanien durch Meir ben Todros Abulafia (gest. 1240) aufgeworfen und heftig diskutiert.

1195 Bei Alarcos wird ein Heer Alfons' VIII. von Berbern vernichtend geschlagen. Die christlichen Könige koordinieren nun ihre Kräfte (>1212).

1198 Tod des arabischen Philosophen Ibn Rušd (Averroes) in Córdoba. Seine Aristotelesinterpretation führt als *Averroismus* in allen drei Religionen zu Konflikten zwischen Philosophie und religiöser Tradition, auf jüdischer Seite meist im Zusammenhang mit dem *Führer der Verwirrten* des Mose ben Maimon.

1202–1204 Vierter Kreuzzug . Kreuzfahrer gründen in Byzanz das lateinische Kaiserreich (bis 1261), womit dort auch für Juden eine schwierige Periode beginnt.

1204 Tod des Mose ben Maimon. Sein Sohn Abraham (gest. 1237) wird Nachfolger als Repräsentant der Judenheit Ägyptens.

1205 Papst Innozenz III. (1198–1216) richtet das Schreiben *Etsi non displiceat* an den König von Frankreich mit Vorwürfen gegen Juden (Wucher, Blasphemie, Arroganz, Haltung christlicher Sklaven, Mord).

1207 (1. Sept.) Königliche Verfügungen bezüglich Juden in Frankreich.

1211 300 Juden ziehen aus Frankreich und England ins Land Israel.

1212–1250 König Friedrich II., ab 1220 römischer Kaiser. Als toleranter Herrscher fördert er in Sizilien/Süditalien christlich-jüdisch-islamische Kulturkontakte. Unter seinen Nachfolgern verschlechtert sich die Lage der

Juden aber rapide. Als Kaiser definierte er mit dem Begriff der *Reichskammerknechtschaft* den Rechtsstatus der Juden im Reich als der kaiserlichen Finanzverwaltung unterworfene, privilegierte Schützlinge der Zentralgewalt. Diese an sich günstige Regelung wird in den nächsten Jahrhunderten ausgehöhlt, indem das *Judenregal* immer häufiger verpfändet, verpachtet oder an Territorialfürsten abgetreten wird.

1212 (16. Juli) Reconquista: Die vereinten Heere von Kastilien, Aragon und Navarra erringen bei Navas de Tolosa einen großen Sieg über die Berber. Der Weg zu weiteren Eroberungen ist frei.

1213–1276 Jakob I. König von Aragon. Auch er stützt sich auf jüdische Berater, gerät aber gegen 1228 unter den Einfluß kirchlicher Instanzen und verordnet zumindest formal restriktive Maßnahmen gegen Juden.

1215/18 Das IV. Laterankonzil spricht sich 1215 erneut gegen die Ausübung öffentlicher Funktionen durch Juden aus und fordert für Juden und Muslime besondere Kleidungsmerkmale sowie die Verfolgung rückfälliger Getaufter. 1218 verlangt Papst Honorius III. (1217–1227) die Umsetzung der Beschlüsse und einen Judenzehent an lokale Kirchen.

1217 Ein Mose ben Qalonymus aus Lucca soll Geheimtraditionen seiner aus Süditalien stammenden Familie ins Rheinland gebracht haben, die auf einen Abu Aaron aus Babylonien zurückgehen. Auf diese Tradition beruft sich der *aschkenasische Chasidismus*, dessen Hauptfigur der 1217 verstorbene Jehuda ben Samuel hä-Chasid (der Fromme) wird. Seine Lehren, die er auf mündliche Weitergabe beschränkte, wurden ab 1217 durch seinen Schüler Eleazar ben Jehudah von Worms (gest. ca. 1230) schriftlich weiterentwickelt und verbreitet. Durch die Kabbalah wird diese mystische Richtung allerdings bald verdrängt.

1222 In Ungarn wird die Besetzung öffentlicher Ämter mit Juden untersagt.

1223–1226 König Ludwig VIII. von Frankreich erläßt 1223 ein Judenstatut.

1224–1233 Reconquista: Eroberung der Balearen. Die jüdischen Gemeinden erreichen in diesem Zusammenhang auch dort Privilegien.

1228 Jakob I. von Aragon erläßt auf kirchlichen Druck restriktive Verordnungen, v. a. in Bezug auf Zinsfuß und hoheitliche Funktionen von Juden. An der Praxis des Hofes ändert sich aber nichts.

1230/2 Beginn des zweiten maimonidischen Streites. Infolge einiger averroistischer Interpretationen des *Führers der Verwirrten* wurde dieses Werk nun selbst zum Gegenstand von Kontroversen.

1233 Papst Gregor IX. (1227–1241) warnt in *Etsi Judaeorum* die Kirchen Frankreichs vor Gewalttaten an Juden. Doch in *Si vera sunt* von 1239 an die Könige von Frankreich und Spanien spricht er sich für Konfiszierung des Talmuds und anderer Bücher aus, weil sie angeblich Blasphemien gegen Jesus und das Christentum enthalten.

1235/6 Ritualmordbeschuldigung in Fulda. Papst Gregor IX. verurteilt, gefolgt von mehreren späteren Päpsten, vergeblich diese immer wiederkehrende Unterstellung.

1236 Reconquista: Eroberung von Córdoba. Verfolgung und Rettung der Juden in Narbonne, gefeiert als «Purim von Narbonne».

1237 Tod des Abraham ben Mose ben Maimon, eines von islamischer Mystik geprägten, philosophierenden Theologen, der seit 1205 als Repräsentant der Judenheit Ägyptens fungierte. Sein Sohn David (gest. 1300) folgt ihm im Amt.

1238 Reconquista: Aragon erobert Valencia.

1239/40 [5000] An das Millenium der jüdischen Zeitrechnung knüpfen sich akute Endzeiterwartungen.

1240–1242 Religionsdisputationen über den Talmud und Talmudverbrennung in Paris, veranstaltet unter dem Schutz des Königs Ludwig IX. (1226–1270). Der Konvertit Nicolaus Donin stellt die Behauptung auf, daß im Talmud und in anderen rabbinischen Schriften die christliche Religion verunglimpft wird. Die jüdische Seite vertritt Jechiel ben Josef von Paris (gest. 1265 in Akko).

1241 Reconquista: Eroberung des maurischen Murcia.

1241 Die Cortes von Gerona verordnen Einschränkungen für den jüdischen Geldhandel.

1241 Mongoleninvasion in Ungarn und Südpolen. Zum Wiederaufbau nach den schweren Verwüstungen (Krakau wird z. B. vollständig zerstört) werden Siedler aus dem Westen benötigt, darunter auch Juden.

1243 Reconquista: Kapitulation des Emirs von Jaén und Rückzug der Mauren auf Granada.

1244 Kaiser Friedrich III. verleiht den Juden der habsburgischen Länder Privilegien.

1247 Papst Innozenz IV. (1243–1254) verurteilt in *Lachrymabilem Judaeorum* die aufkommenden Ritualmordbeschuldigungen gegen Juden.

1248/49 Reconquista: Sevilla wird erobert und 1249 ist Andalusien bis auf Granada wieder christlich.

1251 In Frankreich kommt es zu Ausschreitungen gegen Juden im Verlauf der Pastorellen-Revolte; zugleich setzt eine judenfeindliche Hetze in den Kreuzzugspredigten ein.

1251 König Béla IV. (1235–1270) von Ungarn gewährt Privilegien an jüdische Personen und unterstellt sie der Krone. Ein *Judex Judaeorum* fungiert im Rahmen der jüdischen Rechtsautonomie als oberste Gerichtsinstanz. Die Privilegien werden von späteren Herrschern mehrmals bestätigt.

1252–1284 Alfons X. von Kastilien versammelt an seinem Hof ähnlich wie Friedrich II. in Sizilien einen Kreis von Gelehrten unterschiedlichster Herkunft und fördert Wissenschaften und Künste, vor allem auch Übersetzungsarbeiten. Er respektiert trotz Zentralisierungstendenzen die jüdische Gemeindeautonomie, ernennt jedoch einen jüdischen Oberrichter bei Hof und läßt den Judeneid vor nichtjüdischen Gerichten neu formulieren.

1254 Ludwig IX. von Frankreich weist nach seinem mißglückten Kreuzzug (1248–53) Juden aus seinen Territorien aus und hebt ihre Ansprüche als Geldverleiher auf.

1256–1335 Reich der Il-Khane in Persien und Mesopotamien. 1258 wird Bagdad erobert und Il-Khan Ghazan tritt Ende des 13. Jh. zum Islam über. Die Mongolenherrschaft zeichnet sich durch religiöse Duldsamkeit aus. Als mächtige Wezire dienen v. a. Juden, was da und dort messianische Hoffnungen weckt.

1257 Judah ben Levi de la Cavalleria aus Saragossa beginnt seine Tätigkeit als mächtiger Finanzverwalter des Königs und finanziert die Feldzüge gegen die Mauren.

1260 Jechiel von Paris (>1240) wandert mit einer Schar von Schülern ins Land Israel aus.

1263 (Juli) Zwangsdisputation von Barcelona. Mose ben Nachman (gest. >1270) vermag sich in der Disputation zwar zu behaupten, muß aber danach Spanien verlassen. Der kirchliche Druck nimmt zu und Franziskaner und Dominikaner verstärken ihre Tätigkeit gegen Ketzer und Juden. Am 29.–30. Aug. 1263 verordnet der König, daß christenfeindliche Passagen in jüdischen Büchern zu prüfen und zu tilgen sind, und daß Juden Predigten der Dominikaner besuchen sollen. In der Frage der Buchzensur entscheidet der König 1265 aber zugunsten der Juden, was kirchlicherseits Ärger auslöst.

1264 Judenprivilegien des Polenkönigs Boleslav Pobozny (1226–1279) in Kalisz. Sie werden 1343 bestätigt.

1266–1285 Karl I. von Anjou, König von Sizilien. An seinem Hof bildet sich wie schon unter Friedrich II. ein interreligiöser Kreis von Gelehrten und Übersetzern.

1267 (15. Juli) Schreiben des Papstes Clemens IV. an den Erzbischof von Tarragona mit der Forderung, in Aragon alle jüdischen Bücher zu sammeln und sie den Franziskanern und Dominikanern zur Prüfung zu übergeben.

1267 (Juli) Papst Clemens IV. befiehlt in *Turbato corde* das Vorgehen der Inquisition gegen judaisierende Christen und Geheimjuden. In Aragon wird v. a. der Dominikaner Raymund Martin aktiv, Verfasser des einflußreichen Werkes *Pugio fidei* (Glaubensdolch) *adversus Mauros et Judaeos*.

1269 Zweite Talmuddisputation in Paris.

1270 Tod des spanischen Gesetzesgelehrten, Pentateuchkommentators und kabbalistischen Theologen Mose ben Nachman, auch Nachmanides (geb. 1194), abgekürzt RMB"N genannt. Er verteidigte 1263 erfolgreich das Judentum in der Zwangsdisputation von Barcelona, mußte daraufhin (1367) Spanien verlassen und zog nach Jerusalem. Sein Pentateuchkommentar wird bis heute hoch geschätzt.

1272 Alfons X. (1252–1284) weist den Juden von Murcia ein abgesondertes Viertel zu und verbietet (erstmals in Spanien), daß Juden unter Christen wohnen.

1276–1285 König Pedro III. von Aragon. Er bestätigte die bestehenden Privilegien der Juden und bediente sich weiterhin hoher jüdischer Verwaltungsexperten.

1277 Aufstand und Niederlage der Muslime in Valencia. Die Kapitulationsbedingungen werden durch jüdische Staatsdiener ausgehandelt.

1278 (Aug.) Ausschreitungen gegen Juden in Gerona.

1279/81 Verhaftung der jüdischen Steuerpächter Kastiliens wegen ihrer Verwicklung in eine Unterschlagungsaffäre des Prinzen Sancho. Die jüdischen Notablen werden 1281 gezwungen, die doppelte Summe zu erstatten; einige werden hingerichtet. Josef ben Todros Abulafia initiiert daraufhin in der Gemeinde von Toledo eine Bußbewegung und moralische Reform.

1280 Der Adel Kataloniens erhebt sich gegen König Pedro III. Die königstreuen Juden organisieren und finanzieren einen guten Teil der Unterdrükkung des Aufstandes, geraten selber in Geldnot und erhöhen die Zinsen.

1282 Sizilien wird Teil des Königreiches Aragon. Juden finanzieren die kostspielige Eroberung und erlangen im neuen Herrschaftgebiet entsprechende Positionen, was kirchlichen Unmut auslöst.

1283 Pedro III. untersagt zwar, daß Juden in Aragon über Christen gesetzt werden, doch Aragons Verwaltung liegt weiterhin in den Händen der Familie des Muça de Portella, der 1287 ermordet wird.

1284–1295 König Sanchez IV. von Kastilien. Von 1287 bis 1290 fungiert Abraham el-Barchilon als Steuerpächter und Finanzverwalter. Seine Maßnahmen verärgern den Adel und die Städte bzw. die Cortes.

1289–1291 Sa`d ad-Daula wird unter Arghun Khan (1284–1291) Wezir.

1288–1290 Judenverfolgung in Troyes und in Anjou.

1288–1290 Im dritten maimonidischen Streit wird in Zweifel gezogen, ob die Lektüre des *Führers der Verwirrten* von Mose ben Maimon überhaupt zulässig sei.

1290 Vertreibung der Juden aus England und aus der Gascogne unter Edward I. (1272–1297). V.a. im Finanzgeschäft tätig und darum verhaßt, gerieten die Judengemeinden, die gegenüber dem Hof ein *Presbyter*

Judaeorum vertrat, schon im späten 12. Jh. in die Auseinandersetzungen zwischen König und Adel. Sie litten schwer im Bürgerkrieg, der ab 1258 (Aufstand der Barone) das Land zerriß, und danach übernahmen christliche Geldverleiher ihre ökonomische Funktion.

1291–1295 Der Mongolenherrscher Jajkhatu betraut den Juden Rašid ad-Daula mit den Staatsfinanzen.

Ca. 1291 Tod des Kabbalisten Abraham ben Samuel Abulafia aus Spanien, der in Italien eine «prophetische», mehr theurgisch-praktisch als theosophisch orientierte Kabbalah mit akuter Endzeiterwartung vertrat.

1293 Tod des Gesetzesgelehrten Meir ben Baruch von Rothenburg (MHR"M). Er hat die aschkenasische Halakah nachhaltig beeinflußt und wurde als *der Moräh* (*Môräh* ist höchster rabbinischer Titel) schlechthin respektiert. Da er wegen der hohen Abgaben das Reichsgebiet verlassen wollte, wurde er festgenommen und verstarb in der Haft.

1293 In Kastilien erreichen die Cortes die Abschaffung der jüdischen Steuerpächter und bestimmter Privilegien des jüdischen Geldhandels. Juden (und Muslime) dürfen kein Land aus christlichem Besitz mehr erwerben, da sie auf Grund geltender Privilegien für Immobilien keine Steuern zahlen.

1294/95 In Frankreich ergeht ein königlicher Erlaß über getrennte Wohnstätten für Juden und eine Verfügung gleichwertiger Abgabenbelastungen für jüdische Geldverleiher im Reich.

1295–1312 König Ferdinand IV. von Kastilien. Unter der Regentschaft seiner Mutter (bis 1302) wird den kirchlichen Forderungen weitgehend entsprochen, doch der König selbst kehrt 1302 sofort wieder zur alten, realpolitisch motivierten Judenpolitik zurück und betont die alleinige Zugehörigkeit der Juden zur Krone. Nach seinem Tod gewinnen wieder kirchliche Einflüsse die Oberhand.

1295/97 Auftreten eines Endzeit-Propheten in Avila. Messianische Bewegung in Italien.

1303–1306 Im vierten maimonidischen Streit stehen sich Befürworter und Gegner profaner Bildungsinhalte und (aristotelischer) Philosophie in Spanien und Südfrankreich unversöhnlich gegenüber.

1304–6 Vertreibungen von Juden aus Ländern der französischen Krone.

1305–1314 Papst Clemens V. nimmt sich besonders des Schulden- und Zinsproblems an und fordert allgemeine Richtlinien zur Einschränkung des Wuchers, sogar einen Boykott jüdischer Kreditgeber. Das aber tangiert fiskalische Interessen der Herrscher.

1305 Der aschkenasische Gesetzesgelehrte und Pentateuchkommentator Ascher ben Jechiel (ca. 1250–1337) kommt 1305 nach Toledo, bringt die aschkenasische Gesetzestradition in die sefardische Welt und verstärkt dort die traditionalistische Linie.

1305 Tod des Kabbalisten Mose ben Schem Tob von León. Er publizierte außer einer Reihe theosophisch-kabbalistischer Werke in hebräischer Sprache anonym nach und nach auf Aramäisch Teile des Buches *Zohar* (Glanz) als *Midrasch des Rabbi Simon bar Jochaj* (frühes 2. Jh. n. Chr.). Aus den Einzelteilen kompiliert und unterschiedlich ergänzt, wurde daraus das maßgebliche Werk der Kabbalah.

1310 Tod des spanischen Gesetzesgelehrten, Geschäftsmannes und Apologeten Salomo ben Abraham ibn Adret von Barcelona (geb. 1233/35). Er verteidigte das Judentum energisch gegenüber dem Islam und dem Christentum und engagierte sich tatkräftig in Gemeindeangelegenheiten.

1320 Einigung Polens unter Wladislaw I. Es folgt eine Blüteperiode unter Kasimir dem Großen (1333–1370), in der auch viele jüdische Zuwanderer aus dem Westen in polnische Städte kommen.

1322 (1312)–1350 König Alfonso XI. von Kastilien. Ihm dient Josef Hallevi ben Efraim bzw. Don Yuçaf de Ecija aus Andalusien, gegen heftigen Widerstand bei Hof und z. T. auch in der königlichen Familie, so daß er 1328 zurücktreten muß. Dazu trägt auch sein jüdischer Konkurrent Samuel ibn Waqqar in Toledo bei, der 1331 die Münzverwaltung übernimmt. Auch der Schreiber des Königs ist Jude. In Kastilien wirkte zu der Zeit der gelehrte Konvertit Alfonso de Valladolid, einst Abner von Burgos (gest. 1337).

Ca. 1325 Tod des Kabbalisten Josef ben Abraham Gikatilla (geb. 1248). Er verfaßte mehrere kabbalistische Schriften, u. a. eine Einführung in die theosophische Kabbalah mit detaillierter Beschreibung der Bezeichnungen und Funktionen der 10 Sefirot mit demTitel *Ša`arê ´ôrah* (Lichtpforten). Eine lateinische Teilübersetzung von Paulus Riccius (*Portae lucis*, Augsburg 1516) nimmt Johann Pistorius in sein Buch *Artis Cabalisticae*... (I Basel

1587) und Knorr von Rosenroth in sein Werk *Kabbala denudata* (I;1677) auf.

1327 Die Judenschaft von Barcelona gibt sich eine neue Verfassung, die später auch andernorts als Modell dient.

1328/9 [5088] Mit diesem Jahr verbinden sich messianische Erwartungen. Es sind nun 1260 Jahre nach der Tempelzerstörung (68 n. Chr.) und 88 (P»Ch = «Falle» von Ps 124,7) Jahre der kleinen Zählung. In Navarra brechen in den südlichen Grenzregionen nach dem Tod Karls IV. heftige antijüdische Unruhen aus.

1328 (frühestens) Tod des philosophisch gebildeten hebräischen Dichters und Bibelexegeten Immanuel ben Salomo von Rom (Emanuele Romano). Als Dichter setzte er die Tradition der Maqamendichtung (*Machb^{e}rôt*) fort und sein *Tofet wa-`Eden* (Hölle und Eden) enthält mancherlei Entsprechungen zur *Divina Commedia* des Dante Alighieri (gest. 1321).

1327–1336 Alfons IV. von Aragon verfügt 1333 die genaue Offenlegung der Zinsgewinne jüdischer Kreditgeber. Die Situation der Juden verschlechtert sich weiter und viele wandern nach Südfrankreich ab.

1335/39 Judenfeindliche Ausschreitungen im Elsaß und in Frankfurt a. M. und Umgebung (*Armleder*-Unruhen).

1336–1387 Pedro IV. von Aragon. Er bemühte sich, der jüdischen Seite Rechnung zu tragen und Juden vor falschen Anschuldigungen und Intrigen zu schützen. Die Judengemeinden reorganisieren und erholen sich unter seiner klugen Friedenspolitik zwar, aber die antijüdische Stimmung im Volk nimmt zu.

1339/40 [5100]? Tod des Gesetzesgelehrten Jakob ben Ascher (geb. ca. 1270) in Toledo. Er schuf eine in vier große Teile (*Ṭûrîm*) gegliederte Kompilation des (nach Verlust des Tempels und der Eigenstaatlichkeit) anwendbaren jüdischen Rechts, die sog. *`Arba`ah Ṭûrîm* («Vier Säulen»).

1343 Bestätigung und Erweiterung der Privilegien König Boleslavs von Polen (>1264) durch König Kasimir Wielki (1310–1370), der Siedler aus dem Westen braucht. Die Juden werden ausdrücklich dem König zugeordnet, binden sich aber wirtschaftlich im Lauf der Zeit vorwiegend an den Adel. Sie behalten das Jüdisch-Deutsche als Umgangssprache bei, die sie von der slawischen Umgebung abgrenzt und sich zum Jiddischen entwickelt.

1344 Das Königreich Majorca fällt an Aragon. Damit beginnt eine liberalere Judenpolitik und es kommt vom Festland her zu einer starken Zuwanderung.

1344 Tod des südfranzösischen aristotelischen Religionsphilosophen, Bibelkommentators, Mathematikers und Astronomen Levi ben Gerson (geb. 1288), auch Gersonides, abgekürzt RLB'G genannt. Sein religionsphilosophisches Werk *Milchamôt 'adonaj* (Kriege des Herrn) übte nur einen begrenzten Einfluß aus, seine Kommentare zu biblischen Schriften fanden hingegen Eingang in *Rabbinerbibeln*. In der christlichen Welt wurde er v. a. als Astronom bekannt.

1348–1351 Eine verheerende Pestepidemie in Europa (der *Schwarze Tod*) löst von Spanien (Aragon) ausgehend eine Vielzahl lokaler Judenverfolgungen aus, v. a. wegen angeblicher Brunnenvergiftung. Papst Clemens VI. (1342–1352) nimmt in *Quamvis perfidiam* vergeblich gegen diesen Vorwurf und die laufenden Judenverfolgungen Stellung. Besonders krasse Vorfälle ereigneten sich 1348 in Chillon und in Toulon, im September in Zürich, im November in mehreren deutschen Städten, Anfang 1349 in Freiburg i. Br. und in Speyer, im Februar in Straßburg und am 21. März in Erfurt.

1348 (Febr.) König Alfons XI. von Kastilien verbietet unter kirchlichem Druck den Juden und Muslimen das Zinsgeschäft. Zur Entschädigung erhalten die Betroffenen aber das Recht, zusätzliche Grundstücke zu erwerben.

1350–1369 König Pedro d. Grausame von Kastilien. Auch diesem Herrscher dienen mehrere Juden in hohen Positionen. So Samuel Hallevi, der Erbauer einer (erhaltenen) Synagoge in Toledo. Er handelt 1350 einen Frieden mit Portugal aus und kontrolliert die jüdischen Steuerpächter des Landes. Aber 1360 wird er mit mehreren Verwandten verhaftet und in Sevilla eingekerkert, wo er 1361 stirbt.

1354 Ausschreitungen gegen Juden in Sevilla. Judenverfolgung in Ägypten.

1354 *Taqqanôt* (Verordnungen) zur Reorganisation der Gemeindeverhältnisse in Aragon.

1356 Goldene Bulle. Im Zuge der Neuordnung des Römischen Reiches erlangen die Kurfürsten die Verfügung über die Juden in ihren Herrschaftsbereichen.

Ca. 1360–? Wirkungszeit des spanisch-jüdischen Philosophen Schem-Tob ben Isaak ibn Schaprut. Sein *'Äbän bochan* (Prüfstein) faßt nahezu alle früheren Argumente gegen das Christentum zusammen und enthält auch kritische Anmerkungen zu Teilen des Matthäusevangeliums in hebräischer Übersetzung.

1367 (Febr.) Die Cortes von Kastilien verlangen vom König vergeblich einen Schuldenerlaß und die Entlassung jüdischer Ärzte und Funktionäre aus dem Hofdienst.

1377 Die Cortes von Kastilien erlassen in Burgos einige Gesetze gegen Juden und Muslime.

1377/8 Vorwurf der Hostienschändung in Teruel und Huesca. In Sevilla setzt eine judenfeindliche Kampagne der Kirche ein.

1379–1390 König Johann I. von Kastilien. Cortes und Klerus gewinnen an Einfluß und der Rechtsstatus der Juden beginnt zu wanken. Bei Hof fungieren offiziell kaum mehr Juden.

1380 Die Cortes von Kastilien fordern in Soria die Tilgung der Christenverwünschung im jüdischen Gebetbuch und schränken die jüdische Strafgerichtsbarkeit ein.

1383 (März) König Pedro IV. von Aragon wünscht eine katalanische Übersetzung des Buches *Führer der Verwirrten* von Mose ben Maimon.

1387–1396 Johann I., König von Aragon. Als Schatzmeister der Königin Violante dient Alaazar Golluf (gest. 1389). Die Gemeinden Aragons erhalten weitreichende strafrechtliche Kompetenzen in Bezug auf Denunzianten zugesprochen. 1390 ernennt Königin Violante von Aragon Chasdaj Crescas zur obersten richterlichen Autorität in solchen Fragen. Im selben Jahr erfolgt eine Reform der jüdischen Gemeindeverfassung.

1390 (Mai) Der Erzbischof von Tarragona eröffnet eine Untersuchung, ob der *Führer der Verwirrten* des Maimonides Irrtümer bezüglich der christlichen Lehre enthält. Der Häresieverdacht verursacht unter den Juden Bestürzung.

1391 (April) In Aragon bestätigt Doña Violante eine neue Verfassung für die Judengemeinde in Gerona.

1391 (4. Juni) Von Sevilla aus kommt es zu heftigen, wochenlangen judenfeindlichen Ausschreitungen in Andalusien und Kastilien mit vielen Martyrien und Zwangsbekehrungen.

1391 (Juli) Die Unruhen greifen nach Aragon über, zunächst auf Valencia, wo auch das muslimische Viertel in Gefahr gerät. Die Welle der Gewalt, die sich nicht nur gegen Juden richtet, sondern soziale Ursachen und revolutionären Charakter hat, erfaßt die Balearen und gegen Monatsende Katalonien. Anfang August wird die Gemeinde von Barcelona praktisch ausgelöscht, Gerona wird das nächste Opfer, und weitere folgen. Die Gewalttaten halten bis in den Herbst hinein an. Durch die Zwangsbekehrungen entsteht das Problem der *Conversos* bzw. *Marranen*, der zwangsgetauften Juden, die insgeheim am alten Glauben festhalten, dadurch in den Verdacht des Rückfalls bzw. unter Häresieverdacht fallen. Zwangsbekehrte gefährden als Scheinchristen auch Juden ihrer Umgebung, und manche Neuchristen bekämpfen als beflissene Verfechter ihres neuen Glaubens die Religion ihrer Väter. Die Verschlechterung der Lage führt zu einer jüdischen Abwanderung aus Spanien über Nordafrika in die Türkei, wo nun separate sefardische Gemeinden entstehen. Die Bemühungen um einen Wiederaufbau der Gemeinden können trotz königlicher Unterstützung das zerstörte Vertrauen in die christliche Umwelt nicht mehr wieder herstellen.

1392 Erneute Ausschreitungen gegen Juden in Aragon.

1392/3 In Spanien tritt Mose Botarel als messianischer Prophet auf.

1394 Judenvertreibungen aus französischen Territorien.

1420?–1450? Wirkungszeit des spanisch-jüdischen Theologen und Apologeten Isaak ben Josef Polegar, Verfasser des *`Ezär ha-dat* (Hilfe der Religion). Seine kenntnisreiche Polemik diente vielen Späteren als Anleitung zur Beurteilung der christlichen Glaubensinhalte und Moral.

1401 Die Institution des Exilarchen der mesopotamischen Judenheit wird durch den Mongolenherrscher abgeschafft.

1410/12 Tod des Religionsphilosophen und Christentum-Kritikers Chasdaj Crescas (geb. 1340) in Spanien. Er war der letzte philosophisch eigenständige Autor des jüdischen Mittelalters und wurde stark von Auseinandersetzungen mit der christlichen Theologie bestimmt.

1411/16 Der durch den Bischof von Burgos geförderte Bußprediger Vincent Ferrer zwingt Juden zum Besuch seiner Predigten und verwandelt Synagogen in Kirchen.

1413/14 Zwangsdisputation von Tortosa, initiiert durch den Konvertiten und antijüdischen Polemiker Geronimo de Santa Fe, vormals Josua ben Josef Lorki (gest. 1419). Das Ergebnis war 1415 eine Verurteilung des Talmud und weitere einschränkende Verordnungen, an einigen Orten auch zwangsweise Umquartierungen ganzer Judenviertel.

1414 Vernichtung der Gemeinde von Guadalajara in Kastilien.

1414? Tod des spanisch-jüdischen Apologeten Isaak ben Mose Profiat Duran. Um 1391 vorübergehend zum Christentum gezwungen, kritisierte er in *K^e^limmat ha-gôjîm* (Schmach der Nichtjuden) scharf die vernunftwidrigen christlichen Dogmen und die Ungereimtheiten im Neuen Testament.

1415 Papst Benedikt XIII. (1394–1417) listet in *Etsi doctoribus gentium* eine Anzahl bestehender Vorschriften bezüglich der Juden auf und fordert ihre Umsetzung.

1420 Judenausweisungen aus habsburgischen Territorien.

1431 Ein Basler Konzil wiederholt die Forderung des III. Laterankonzils von >1179 und verlangt für Juden Merkmale an der Kleidung.

1435 Tod des 1391 zwangsgetauften Salomo Hallevi. Als Paulus/Pablo de Santa Maria beriet er in Avignon Papst Benedikt XIII. in Judenfragen und verfaßte antijüdische Schriften. 1403 Bischof von Cartagena und 1415 Bischof von Burgos.

1453 (28. Mai) Die Osmanen erobern Konstantinopel. Das Ende des byzantinischen Reiches sehen viele Juden als Beginn des Zusammenbruchs *Edoms* und eine Vorstufe zur endzeitlichen Heilswende.

1473 Angesichts der schwierigen Lage straffen die Gemeinden Kastiliens die Gemeindedisziplin und verfügen in Valladolid entsprechende *Taqqanôt* (Verordnungen)

1474 Königin Isabella von Kastilien (gest. 1514) und König Ferdinand von Aragon (gest. 1516), verheiratet seit 1469, vereinen ihre Reiche.

1475 ff. Beginn und rasche Verbreitung des hebräischen Buchdrucks.

Ca. 1477 Unter König Matthias Corvinus wird in Ungarn das Amt eines *Praefectus Judaeorum* eingeführt, der die Judenheit bei Hof vertritt.

1478 Anordnung der Inquisition in Spanien durch Papst Sixtus IV. (1371–1484). Ihr werden bis 1834 ca. 30 000 «Häretiker», darunter viele (zwangs)getaufte Juden (Conversos), die als Geheimjuden (Marranen) angeklagt wurden, zum Opfer fallen.

1478–1483 Isaak ben Jehuda Abrabanel (geb. 1437), ab 1478 als Finanzfachmann für hohe Adelige in Portugal tätig, wird in politische Auseinandersetzungen verwickelt und flieht 1483 nach Spanien, wo er alsbald wieder beruflich Fuß faßt.

1479 Messianische Bewegung in Isfahan.

1480/81 Die Inquisition beginnt mit der systematischen Verfolgung von Scheinchristen jüdischer Herkunft. Anfang 1481 ergeht ein entsprechendes Edikt, und am 17. Okt. 1481 wird Thomas de Torquemada zum Großinquisitor ernannt.

1482 Papst Sixtus IV. ermächtigt in *Numquam dubitavimus* den König Ferdinand zur Ernennung von Inquisitoren zur Verfolgung von Häretikern und von getauften Juden, die insgeheim jüdische Bräuche befolgen. Die Cortes von Aragon genehmigen die Einführung der Inquisition aber erst 1484. Am 14. Mai kommt es zum ersten Auto da fé in Saragossa.

1484–1508 Isaak ben Jehuda Abrabanel dient Angehörigen des spanischen Hofes als Finanzberater und wirkt ab 1491 als Steuerpächter. Nachdem er das Ausweisungsdekret von 1492 nicht hat verhindern können, zieht er nach Neapel und dient dem dortigen Hof. Mit diesem flieht er 1494 vor den französischen Invasoren, kommt bis Corfu, kehrt 1495 ins venezianische Monopoli zurück und lebt ab 1503 in Venedig. Als Bibelkommentator und Verfasser theologischer Traktate wird er bis heute hoch geschätzt.

1487 Eroberung Málagas. Etwa 400 Juden der Stadt werden als Kriegsbeute behandelt und müssen freigekauft werden. 1489 folgt die vertragliche Übergabe von Almería an die ‹katholischen Könige›.

1489/90 [6250] Messianisches Datum im kabbalistischen *Sefär ha-Qanah* *w*^{e}*-ha-p*^{e}*lî'ah*.

1492 Nach verbreiteten Berechnungen ein messianisches Jahr. Am 2. Januar erfolgt die vertraglich vereinbarte Übergabe des maurischen Fürstentums Granada an das vereinte Kastilien/Aragon. Am 31. März unterzeichnen die katholischen Könige in Granada ein Edikt, daß alle Juden, die sich nicht zum Christentum bekehren wollen, die Länder der Kronen Kastiliens und Aragons zu verlassen haben. Es wird Ende April/Anfang Mai publiziert, im Monat Mai beginnen die Vertreibungen und Ende Juli sind sie abgeschlossen. Damit geht für das Judentum eine kulturgeschichtlich glanzvolle Epoche zu Ende. Das Jahr 1492 hat im jüdischen Geschichtsbewußtsein fast den Stellenwert der Tempelzerstörungen von 586 v. und 70 n. Chr.

1492–ca. 1780 Die Neuzeit bis zur jüdischen Aufklärung (Haskalah) und zu den Toleranzedikten.
In Spanien/Portugal verschärft sich das Problem der Marranen (Geheimjuden). Manche von ihnen gehören zur wirtschaftlichen Elite, spielen im Überseehandel eine beachtliche Rolle. Ein religiös wie sozial begründetes Mißtrauen richtet sich bald gegen alle Christen jüdischer Herkunft, man erhebt bei der Besetzung maßgeblicher Funktionen die Forderung nach «Reinheit des Blutes».
In der jüdischen Diaspora ändert sich die demographische Situation nun grundlegend, die sefardischen Juden werden statistisch durch die rapide anwachsende aschkenasische Judenheit überholt. Als Folge der Vertreibungen formieren sich zwei recht unterschiedliche Zweige der sefardischen (spanisch-portugiesischen) Diaspora.(1) Die meisten spanisch-jüdischen Exulanten von 1492 ziehen über Nordafrika und teilweise Italien ins Osmanische Reich, wo sie wegen ihrer Sachkenntnisse willkommen sind. Diese Gemeinden sprechen in der arabischen und türkischen Umwelt weiterhin ihre alte Sprache und es entsteht das Judeo-Espagnol oder Ladino. (2) Conversos, die dem Druck der Inquisition entrinnen möchten, wandern nach Übersee ab, später auch nach Amsterdam, England und in einzelne Handelsstädte, wo sie zum Judentum zurückkehren und Gemeinden nach sefardischem Ritus gründen. Viele sind schon christlich erzogen und kulturell voll assimiliert. In diesen west-sefardischen Gemeinden entsteht daher neben der hebräischen auch eine jüdische Literatur in portugiesischer und spanischer Sprache mit einem hohen Anteil an profanen Formen und Inhalten. Dasselbe gilt für Italien bzw. für das Italienische.
In Osteuropa wurden jüdische Ansiedler durch die Könige Polens/Litauens mit vorteilhaften Privilegien ausgestattet und betätigten sich bis zu den Unruhen von 1648/50 als Gutsverwalter und Vermarkter agrarischer Produkte im Dienst des polnischen Adels. Um 1500 lebten in Osteuropa etwa 50 000 Juden in vorwiegend städtischen Gemeinden, darunter Großge-

meinden wie Krakau, Lublin, Posen, Lemberg, und Wilna. Ein einseitiges Bildungsideal (der Mann lernt Torah, die Frau sorgt für den Unterhalt) bedingt einen engen beruflichen Betätigungsspielraum und stellt die Weichen für gravierende soziale Mißstände.
Religiös wird die Epoche durch popularisierte Kabbalah, Endzeiterwartungen und populäre Bußbewegungen gekennzeichnet. Aber auch durch das Zerbrechen des mittelalterlichen Weltbildes, an dem eine Mehrheit der rabbinischen Autoritäten festhalten will, während andere sich unter dem Eindruck der Renaissance und des Humanismus die Neuerungen in der Umwelt zu eigen machen. Erleichtert wird dies durch eine grundlegende Änderung der Einschätzung des Christentums im jüdischen Recht: es gilt nun nicht mehr als Götzendienst.
In der Literatur dominiert die Gesetzesgelehrsamkeit und eine kabbalistisch eingefärbte, homilienartige Erbauungsliteratur. Daneben werden immer mehr volkssprachliche, eben auch jüdisch-deutsche (und später jiddische) Schriften verfaßt und gedruckt.

1494 Vertreibung der Juden aus Sizilien.

1497 Vertreibung der Juden aus Portugal.

1502/4 Der Endzeitprophet Ascher Lemlein beginnt in Süddeutschland und Oberitalien zu agieren.

1504–1520 Der Reuchlinsche Streit. 1504 konvertiert in Köln der mährische Jude Johannes Pfefferkorn und berät die Dominikaner in Fragen des Judentums. Seine Behauptung, die jüdische Literatur stecke voller christenfeindlicher Aussagen, führt zur Forderung von Büchervernichtungen, wogegen 1511/12 Johannes Reuchlin (1455–1522) an der Spitze von mehreren Humanisten zunächst mit Erfolg auftritt, bis Pfefferkorn ab 1514 Unterstützung aus Rom erhält. Mit Ausbruch der Reformation rückt die Streitfrage jedoch in den Hintergrund.

1505 Eine polnische Verfassungsreform beschränkt die königlichen Befugnisse zugunsten des Adels. Die Juden Polen-Litauens orientieren sich an dieser Machtverschiebung, geraten damit aber ins Spannungsfeld zwischen König und Adel, und in Südostpolen auch zwischen polnisch-katholische Adelsherren und nichtkatholische Landesbevölkerung.

1506 (Passah Tag VIII) Lissabon-Massaker. Im Zusammenhang einer Pestepidemie und Dürreperiode werden ca. 2000 Juden bzw. Christen jüdischer Herkunft ermordet und verbrannt.

1508 Vertreibung der Juden aus der Provence.

1510 Vertreibung der Juden aus dem Königreich Neapel.

1516–1555 Der Habsburger Karl I. wird König von Spanien. Er versucht vergeblich, der Inquisition im Interesse des Staates Einhalt zu gebieten. Sie ist bereits zu fest etabliert und mit enormen finanziellen Interessen verflochten, dient zudem der Kurie als Machtinstrument gegenüber der weltlichen Gewalt.

1516 Einrichtung des *Ghetto* in Venedig, Vorbild für spätere obrigkeitlich verordnete Judenviertel in zahlreichen Städten.

1517 Palästina wird Teil des Osmanischen Reiches und bietet für Juden wieder Existenzmöglichkeiten. In Jerusalem wächst eine relativ starke, von Kabbalisten geprägte jüdische Gemeinde heran, so auch in Hebron und in besonderem Maß in Safed/Galiläa.

1517 Martin Luthers Thesenanschlag. Der Beginn der Reformation wird auf jüdischer Seite als Anzeichen für den Zerfall des christlichen *Edom* gewertet, während Luther – vergeblich – auf Zustimmung und Bekehrung der Juden hofft.

1517/8 Der Christ Daniel Bomberg druckt in Venedig die erste *Rabbinerbibel.* Sie enthält den hebräischen Bibeltext mit aramäischen Übersetzungen (Targumim) und mit den wichtigsten mittelalterlichen Kommentaren. Diese Publikationsform wird bei den Juden unter der Bezeichnung *Miqra´ôt g^{e}dôlôt* mehr oder minder gleichbleibend weitergepflegt.

1519–1556 Spaniens König Karl I. als römischer Kaiser Karl V. Streng römisch-katholisch, ein Verfechter der religiösen Einheit im Staat, sucht er die kaiserliche Macht zu stärken und sieht sich insofern auch als Wahrer herkömmlicher Rechte der Juden. Unter ihm fungiert Josel (Josef) von Rosheim (gest. 1554) in Deutschland einige Zeit als *Befehlshaber der ganzen Judenschaft.* Ihm gewährt der Kaiser 1530 und 1540 schriftliche Judenschutzbestimmungen.

1520–1566 Sultan Soleiman II. Blütezeit des Osmanischen Reiches. Eroberung der Balkanländer und Ungarns. Durch den Zuzug von Sefardim steigt die Zahl der Juden im Osmanischen Reich bis 1550 auf etwa 50 000 an.

1520/23 Der christliche Drucker Daniel Bomberg druckt in Venedig den

Talmudtext, gerahmt von Kommentaren. Diese Publikationsform wird zum Vorbild für viele künftige Talmudeditionen.

1523 Tod des platonisch orientierten Philosophen und Arztes Jehuda ben Isaak Abrabanel (Leone Ebreo). Sein italienisches, poetisch-philosophisches Meisterwerk *Dialoghi d'amore* wird gerade unter Nichtjuden zu einem viel gelesenen Buch.

1524 In Venedig taucht ein angeblicher Abgesandter des Königs einiger «verlorener» jüdischer Stämme im Orient auf, nennt sich David ha-Re'ubeni und sucht Unterstützung im Kampf gegen muslimische Feinde. Er erhält Zutritt zu Papst Clemens VII. (1523–1534) und zum portugiesischen Hof. In Lissabon kehrt der Marrane Salomo Molcho unter seinem Einfluß zum Judentum zurück. 1532 suchen die beiden Karl V. in Regensburg auf, der sie aber festnehmen läßt, Salomo Molcho der Inquisition ausliefert (er wird in Mantua verbrannt) und David nach Spanien zu bringen befiehlt.

1542 Martin Luther publiziert, in seinen Hoffnungen auf Bekehrung der Juden enttäuscht, die judenfeindliche Schrift *Von den Juden und ihren Lügen,* die später von Antisemiten oft zitiert wird.

1548/9 Tod des Bibeltextexperten und jüdisch-deutschen Autors Elia ben Ascher Levita «Bachur» (geb. 1469) in Oberitalien. Als Hebraist verfaßte er die maßgeblichen Vorlagen für die hebräischen Grammatiker der Neuzeit, angefangen mit Sebastian Münster (gest. 1552).

1550 Entstehung einer sefardischen Gemeinde in Bordeaux.

1551/53 Der erneute Druck des (hebräischen) *Führers der Verwirrten* des Mose ben Maimon (>1158–1204) in Venedig (und Sabbioneta 1553) führt zu heftigen innerjüdischen Kontroversen.

1553/4 Im Kirchenstaat kommt es unter Papst Julius III. (1550–1555) erneut zu Maßnahmen gegen rabbinische Literatur und sogar zu Talmudverbrennungen wegen angeblicher antichristlicher Inhalte. Einführung der Zensur hebräischer Bücher.

1554 Der zwangsgetaufte Josef Nasi (gest. 1579) kehrt zum Judentum zurück und tritt in den Dienst des Sultans Selim II., der ihn 1566 mit der Insel Naxos belehnt und die Erlaubnis zur Gründung einer jüdischen Kolonie in Tiberias erteilt. Der Sefarde Salomo ben Jehuda ibn Verga (gest. ca. 1559 in Italien) publiziert in Adrianopel *Šäbäṭ J^e^hûdah* («Szepter

Judas»), eine Geschichte des Judentums. Das Werk wird über ein Dutzend mal gedruckt und hat das jüdische Geschichtsbild nachhaltig bestimmt.

1555 Papst Paul IV. (1555–1559) listet in *Cum nimis absurdum* erneut (>1415) die kirchlichenVorschriften bezüglich der Juden auf und verfügt Beschränkungen des jüdischen Wirtschaftslebens und der sozialen Kontakte zwischen Christen und Juden in Rom. Die Forderung nach abgesonderten Wohnbereichen führt in vielen Städten zur zwangsweisen Einrichtung von *Ghettos*.

1558–60 Nach zwei fast gleichzeitigen, im Bestand aber differierenden Drucken des kabbalistischen Buches *Zohar* in Mantua und Cremona gewinnt das Werk eine geradezu kanonische Bedeutung.

1559 (Mai) Bücherverbrennungen im Kirchenstaat.

1563 Die litauische Stadt Polots wird von Russen erobert; alle Juden werden getötet.

1565 Erstdruck der Gesetzeskompilation *Šulchan `aruk* (Gedeckter Tisch) des sefardischen Gesetzesgelehrten Josef ben Efraim Karo (gest. 1575 in Safed/Galiläa). Diese letzte große Kompilation des jüdischen Rechts beschließt die Reihe der vier maßgeblich gewordenen Kodices (nach Isaak Alfasi, Maimonides, Jakob b. Ascher) und gilt bis heute als grundlegende Autorität. Gegen den Konsens dieser 5 großen Kompendien ist keine neue Regelung möglich. Das Werk wurde alsbald durch einen Kommentar des Mose Isserle (gest. 1572) für die aschkenasische Tradition adaptiert (*Mappah*; Erstdruck in der Ausgabe Krakau 1569/71). Seither ist der Kodex viele Male gedruckt und aktualisierend kommentiert worden.

1566–1572 Papst Pius V. Buchkonfiskationen und die Ausplünderung der jüdischen Gemeinde Bologna kennzeichnen mit der nachfolgenden Abwanderung nach Ferrara und der Vertreibung aus dem Kirchenstaat (exc. Rom und Ancona) sein Pontifikat. Es kommt auch zu Abwanderungen in die Türkei. 1569 erhebt der Papst in *Hebraeorum gens* wiederum Vorwürfe gegen die Juden.

1572–1585 Papst Gregor XIII. Er verordnete 1577 in *Vicis eius nos* (und erneut 1584 in *Sancta mater ecclesia*), daß von den Juden Roms jeden Sabbat eine bestimmte Anzahl die Predigt in einer Kirche beim Ghetto anhören müssen.

1572 Tod des Kabbalisten Isaak ben Salomo Luria Aschkenasi («ARI») in Safed, Begründer der *lurianischen Kabbalah*. Seine esoterische und symbollastige Lehre beflügelte die spekulative Phantasie der nächsten Generationen in der gesamten Diaspora.

1578 Tod des sefardischen Arztes und Historikers Josef ben Josua ha-Kohen in Italien. In *`Emäq ha-bakah* (Das Tränental), seit 1558 öfters gedruckt, beschrieb er die Geschichte der Verfolgungen und Martyrien Israels bis auf die eigene Zeit und bestimmte das traditionelle Geschichtsbild der folgenden Jahrhunderte.

1579 In Venedig Erstdruck des beliebten, mehr als 50 mal gedruckten Erbauungsbuches *Re'šît chokmah* (Weisheits-Anfang) des in Safed wirkenden Kabbalisten Elia ben Mose de Vidas.

1580–1764 In Polen/Litauen regelt der *Wa`ad 'arb`a ha-ᵃratzôt* (Vierländerausschuß) die Belange der jüdischen Gemeinden, koordiniert die gemeinsamen internen Agenda und die Beziehungen zur Obrigkeit (inklusive Steuerverteilung).

1586 Papst Sixtus V. (1585–1590) verfügt in *Christiana pietas* Erleichterungen für die Juden und die Aufhebung der Maßnahmen unter Paul IV. und Pius V.

1587 Erstdruck des einflußreichen Geschichtswerkes *Šalšälät ha-qabbalah* (Die Traditionskette) von Gedaljah ben Josef ibn Jachja (1515 Italien – 1578 Ägypten) in Venedig.

1588 Vernichtung der spanischen Flotte beim Versuch der Eroberung Englands. Spanien (1580–1640 mit Portugal vereint) verliert die Vorherrschaft zur See und damit die führende Rolle im Fernhandel, was für die sefardischen Kaufleute in Amsterdam und London von weitreichender Bedeutung wird.

1592 Tod des italienisch-hebräischen Schriftstellers Jehuda Sommo. Er verfaßte in italienischer Sprache die ersten theoretischen Schriften über das Theater. Von ihm stammt auch das erste original hebräische Drama.

1593 Papst Clemens VIII. (1592–1605) widerruft in *Caeca obdurata* die Erleichterungen von 1586 und bekräftigt die Bulle *Cum nimis absurdum* von 1555.

Ca. 1594 Tod des karäischen Apologeten Isaak ben Abraham Troki, der in seinem Buch *Chizzûq* ^{ä}*mûnah* (Glaubensstärkung) das Christentum einer intensiven Kritik unterzog.

1597 Sefardische Juden dürfen sich in den Niederlanden niederlassen. Ausweisung der Juden (ca. 1000) aus Mailand, die in Gebieten des Hauses Este Aufnahme finden.

1600 Tod des gesetzesgelehrten Kabbalisten Eliezer Aziqri (geb. 1533). Sein in Venedig 1601 gedruckter *Sefär char*^{e}*dîm* (Buch Fürchtiger) wird zu einem weit verbreiteten und über 35 Male gedruckten Erbauungsbuch.

1600 Tod des Kabbalisten Josef ibn Tabul aus Nordafrika. Er lernte in Safed die lurianische Kabbalah kennen und wirkte danach in Ägypten und schließlich in Hebron.

1602 Gründung der *Holländisch-ostindischen Compagnie*. Am Aufschwung des holländischen Fernhandels haben sefardische Kaufleute einen beachtlichen Anteil.

1606 Gründung der sefardischen Gemeinde von Amsterdam, die in den folgenden Jahrhunderten auch viele Zwangsbekehrte anzieht, die zum Judentum zurückkehren.

1609 Tod des 1525 geb. kabbalistischen Theologen und Rabbiners Jehuda ben Bezalel von Prag. Der bald legendenumkränzte *Rabbi Löw* (*Golem*-Sage) hinterließ ein Dutzend gesetzlicher, kabbalistisch-theologischer und exegetisch-homiletischer Werke.

1610 Tod des Kabbalisten Israel Sarug. Er kam 1580 aus Ägypten nach Safed, wirkte ab 1592 in Italien und zeitweilig auf dem Balkan. Seine aus Schriften Chajjim Vitals entwickelte Variante der Kabbalah verbreitet sich von Italien aus rasch nach Zentral- und Osteuropa und gilt hier als lurianische Kabbalah schlechthin.

1612 Entstehung einer sefardischen Gemeinde in Hamburg.

1613 Tod des Historikers David ben Salomo Gans (geb. 1541). Als Astronom, Mathematiker und Geograph Vertreter der jüdischen Renaissancegelehrsamkeit italienischer Prägung in Krakau und Prag. Sein Geschichtswerk *Tzämach David* wird recht populär und daher mehrmals nachgedruckt.

1618–1648 Dreißigjähriger Krieg. Wie die gesamte Bevölkerung der betroffenen Gebiete erleiden auch die jüdischen Gemeinden schwere Verluste an Gütern und Menschenleben.

1620 Tod des sefardischen Kabbalisten Chajjim ben Josef Vital (geb. 1542) in Safed in Galiläa. Er goß die lurianische Lehre in literarische Form und dadurch verbreitete sich von Safed aus diese Spielart der Kabbalah mit Variationen in der ganzen Diaspora und stimulierte in popularisierter Form eine intensive, endzeitorientierte Volksfrömmigkeit.

1620 Tod des italienischen Kabbalisten und überregional hochgeschätzten Gesetzesgelehrten Menachem Azarja da Fano (geb. 1546). Auf Grund seiner Renaissancebildung anfangs Anhänger der Kabbalah des Mose Cordovero, wechselte er zur lurianischen Kabbalah des Israel Sarug, für deren Verbreitung in Osteuropa er maßgeblich verantwortlich war.

1622 Gründung einer sefardischen Gemeinde in Kopenhagen.

1623 Litauens Judenschaft scheidet aus dem Vierländerrat aus. Das erhaltene Protokollbuch für Litauen umfaßt den Zeitraum von 1623 bis 1764.

1630 Tod des osteuropäischen Gesetzesgelehrten und Kabbalisten Jesaja ben Abraham Horowitz, Verfasser des teils gesetzlichen, teils erbaulichen Werkes *Š^{e}nê lûchôt ha-b^{e}rît* (Die beiden Tafeln des Bundes), abgekürzt *ŠL»H*. Der Autor zog 1621 nach Palästina. und berichtete darüber in Briefen.

1648 (Okt.) Westfälischer Friede. Die Selbstständigkeit der protestantischen Niederlande (Holland) und der Schweiz wird anerkannt. Im Heiligen Römischen Reich kommt es zur Festschreibung souveräner Rechte reichsunmittelbarer Regionalherrschaften, was für die jüdischen Gemeinden zu einer Zersplitterung der Rechtsgrundlage und zu einer sehr wechselhaften Geschichte mit vielen regionalen/örtlichen Vertreibungen und Wiederzulassungen führt. Im Dienst des merkantilistischen Absolutismus erringen einzelne jüdische Geschäftsleute dank ihrer überregionalen innerjüdischen Verbindungen eine beherrschende Rolle im Finanzwesen und als Heereslieferanten. Diese «Hofjuden» pflegen einen Lebensstil, der die kulturelle Assimilation vorwegnimmt. Aus diesen Kreisen kamen daher auch die ersten Befürworter einer sozialen und bildungsmäßigen Reform als Vorbedingung für eine Gleichberechtigung der Juden. Im Orient geraten während des politischen und wirtschaftlichen Verfalls im Osmanischen Reich auch die jüdischen Gemeinden in eine Periode des Niedergangs.

1648 [5408] Messianisches Datum im *Buch Zohar*, dem Hauptwerk der Kabbalah aus dem 13. Jh.

1648/9 Kosakenaufstände unter Bogdan Chmielnicki in der Ukraine gegen die polnische Herrschaft werden von Judenverfolgungen begleitet. Die Kriegswirren in der Ukraine und Polen halten bis 1658 an und bewirken grundlegende Veränderungen der sozialen und ökonomischen Verhältnisse. Die Juden wandern aus den großen Gemeinden zunehmend in dörfliche Niederlassungen ab, und so entsteht das osteuropäische *Shtetl*. Hier spielen viele Juden als Inhaber von Alkoholkonzessionen wiederum eine bedenkliche Rolle. Der wirtschaftliche Niedergang und der rasche Bevölkerungszuwachs (zwischen 1500 und 1820 von ca. 35000 auf ca. 2 Millionen) bringen die Gemeinden finanziell in Bedrängnis, um die privilegierten Kerngemeinden bilden sich soziale Problemschichten und immer mehr Wanderjuden ziehen durch das Land. Das führt zu einer religiösen Unterversorgung breiter Schichten und bereitet den Boden für die volkstümliche Bewegung des osteuropäischen Chasidismus.

1651 In Paris erscheint der *Pugio fidei* des Dominikaners Raymund Martin (1220–1285) und wird zu einer der wichtigsten Quellen der judenfeindlichen Polemik der folgenden Jahrhunderte. Eine zweite Auflage folgt in Leipzig 1678.

1653 Erstdruck der Chronik *Jäwän ha-m^e^tzûllah* von Natan ben Mose Hannover (gest. 1663). Diese Schilderung der Judenverfolgungen von 1648/50 in Polen übte einen nachhaltigen Einfluß auf das jüdische Geschichtsbewußtsein aus.

1654 Sefardische Zwangschristen (Marranen) aus Brasilien lassen sich in New York (Neu Amsterdam) nieder.

1655 In Amsterdam erscheint die erste Darstellung der Kabbalah in einer europäischen Sprache unter dem Titel *Puerta del cielo* (Pforte des Himmels) von Abraham Kohen Herrera (gest. 1636/8) aus Florenz. Teilweise ins Lateinische übersetzt, wird es in Knorr von Rosenroths *Cabbala denudata* (1677/84) aufgenommen.

1656 Die Amsterdamer sefardische Gemeinde verhängt über den Philosophen Baruch Spinoza (gest. 1677) den Bann. Seine (lateinischen) Schriften (und insbesondere seine *Ethik*) haben einen starken Einfluß auf die Aufklärung ausgeübt.

1656 Wiederzulassung von Juden in England unter Oliver Cromwell. Entstehung einer sefardischen Gemeinde in London und teilweise Verlagerung des sefardischen Überseehandels von Amsterdam nach England.

1661–1669 Polens König Kasimir bestätigt den Rechtsstatus der Juden.

1665/6 [5426] Messianisches Jahr (*TKW* = 426) nach Berechnung des Kabbalisten Josua Heschel Zoref (gest. 1700) aus Wilna, der zeitweilig in Amsterdam und zuletzt in Krakau lebte. Sein *Sefär ha-tzôref* dient später im osteuropäischen Chasidimus als Basis für die Ansätze einer kabbalistisch-chasidischen Theologie.

1666 Sabbataj Zbi proklamiert sich 1665 in der Türkei als Messias bzw. als Reinkarnation der Seele Davids und bestimmt den 18. Juni 1666 als Datum der Erlösung. Auf dem Weg nach Istanbul wird er von den türkischen Behörden verhaftet, vor die Alternative Konversion oder Todesstrafe gestellt, und tritt zum Islam über. Er wird wegen fortdauernder Agitation nach Adrianopel und zuletzt Albanien verbannt. Manche seiner Anhänger blieben ihm aber treu, da verbreitet wurde, daß der Messias bis in die untersten Stufen der Schöpfung hinabsteigen müsse, um die versprengten Seelenfunken zu sammeln und an ihren Ursprung zurückzuführen. Nach seinem Tod im Jahr 1676 verebbt die Bewegung bis auf einige häretische Ableger (Doenme in der Türkei, Frankisten in Polen) rasch.

1669/70 Judenausweisungen aus habsburgischen Gebieten.

1671 Gründung der jüdischen Gemeinde Berlin. Vereinigung der Gemeinden Hamburg, Altona und Wandsbek zur *Dreigemeinde*.

1678 In Amsterdam erscheint die erste Zeitschrift in Ladino (Judeo-Espagnol), *Gazeta de Amsterdam*.

1681 Der Theologieprofessor Johann Chr. Wagenseil (1633–1705) redigiert und publiziert eine Sammlung antijüdischer Schriften unter dem Titel *Tela ignea Satanae* (Feurige Satansgeschosse), in den folgenden Jahrhunderten eine ergiebige Quelle für Judenfeinde.

1697/99 Der osteuropäische Kabbalist Jehuda Chasid (gest. 1700) zieht in Erwartung des nahen Endes mit einer Schar Gleichgesinnter nach Jerusalem.

1700 Erste (sefardische) Synagoge in New York.

1700/1711 In Frankfurt/M. erscheint 1700 Joh. A. Eisenmengers (1654 bis 1704) Werk *Entdecktes Judentum.* Die Frankfurter Auflage wird zwar vom Kaiser verboten, doch erscheint das Buch 1711 in Königsberg und 1741 auch wieder in Frankfurt/M.

1702 Tod des Wiener Bankiers und Heereslieferanten Samuel Oppenheimer (geb. 1630). Er kaufte eine große Zahl von Juden frei, die von Türken verschleppt worden waren.

1724 Tod des Wiener Hoffaktors Samson Oppenheimer (geb. 1658), der sich nach der Rückeroberung Ungarns sehr um den Aufbau dortiger jüdischer Gemeinden bemühte.

1725 Erste aschkenasische Synagoge in New York.

1729–1786 Moses ben Menachem Mendelssohn zog in jungen Jahren von Dessau nach Berlin und erwarb sich dort eine gründliche jüdische und ungewöhnlicherweise auch profane Bildung, Er forderte mit einem Kreis Gleichgesinnter eine Schulreform und Unterricht in der Landes-Schriftsprache und auf Hebräisch, darüber hinaus den Unterricht in nützlichen Fächern, um die Berufsmöglichkeit der Juden zu erweitern. Die traditionelle Lebensweise wollte er beibehalten und aus der Offenbarung am Sinai begründen, im Gedanklichen aber frei sein für die allgemein-menschliche, ethische Vernunftreligion der Aufklärung. Er unterhielt freundschaftliche Beziehungen zu G. E. Lessing und wurde von der aufgeklärten christlichen Gesellschaft als Beispiel einer geglückten *Verbesserung der Juden* wahrgenommen und bewundert. Das liberale deutsche Judentum des 19. Jh. stilisierte ihn zum Reformator des deutschen Judentums.

1733–38 Joseph Süß Oppenheimer (Jud Süß; geb. 1698) dient ab 1733 dem Herzog Karl Alexander als Hoffaktor und organisiert das Finanzwesen Württembergs neu, wobei er sich viele Feinde macht. Nach dem Tod des Herzogs wird er angeklagt und am 4.02.1738 hingerichtet.

1739/40 [5500]–1780 Maria Theresia, Erzherzogin von Österreich, Königin von Böhmen und Ungarn. Die streng katholische Herrscherin exiliert Protestanten, weist 1745 vorübergehend die Juden aus Prag aus und beschränkt die Zahl der Juden in Böhmen und Mähren durch Heiratslizenzen in Relation zur Sterberate (Familiantengesetze, 1849 abgeschafft).

1742 (3. Dez.) Ausweisung der Juden aus Russland unter Zarin Elisabeth (1741–1762).

1750 Generaljudenreglement in Preußen.

1756–1763 Siebenjähriger Krieg. Friedrich II. von Preußen besetzt und annektiert Schlesien. Nathan Veitel Heine Ephraim (1703–1775 in Berlin), Sohn des Hofjuweliers Chajim ben Ephraim (1665–1748), ab 1737 Münzpächter, verdient mit dem Hofbankier Daniel Itzig (1723–1799) im Siebenjährigen Krieg ein riesiges Vermögen und investiert danach in Manufakturen. Beide Geschäftsleute engagieren sich für die jüdische Aufklärung und versuchen, ein modernes jüdisches Schulwesen zu organisieren, finden aber in der jüdischen Gemeinde wenig Rückhalt.

1760 Gründung des *British Board of Deputies*, Dachverband der jüdischen Gemeinden in England.

1760 Tod des Israel ben Eliezer *Ba'al šem ṭob* (BŠ»T), geb. ca. 1700. Der charismatische Begründer des osteuropäischen Chasidismus war schon zu Lebzeiten von Legenden umkränzt und propagierte in Opposition zum rabbinischen Establishment eine volksnähere Religiosität. Sein Nachfolger wird Dob Bär, der *Maggid von Mezeritsch* (gest. 1772), der die lose Anhängerschaft organisiert und die Frömmigkeit theologisch untermauert. Alsbald entstehen zahlreiche solcher Gemeinschaften, es werden aber keine Sondergemeinden gegründet, es entstehen vielmehr überregionale, ganz auf ihren jeweiligen *Zaddik* oder *Rebbe* ausgerichtete Gemeinschaften. Besuche bzw. Aufenthalte der Chasidim am Hof ihres Rebbe bilden die Höhepunkte dieser gefühlsbetonten Religiosität. Die Bewegung stößt sowohl bei rabbinischen Orthodoxen wie bei jüdischen Aufklärern auf grimmige Ablehnung. Trotz seiner antirabbinischen Haltung bleibt der Chasidismus im Rahmen einer sehr konservativen Orthodoxie, was in der osteuropäischen Judenheit zu einem bedenklichen sozialen und bildungsmäßigen Reformstau führt. Der größte Teil der chasidischen Gemeinschaften wird unter der NS-Herrschaft vernichtet, nur solche mit Ablegern in den USA und in Palästina blieben erhalten.

1762–1796 Zarin Elisabeth II. führt erste Reformen im Sinne der Aufklärung durch.

1764 Auflösung des Vierländerrates (>1580) für Polen/Litauen und Verordnung eines neuen Besteuerungssystems.

1770 Moses Mendelssohn beginnt mit N. H. Wessely u. a eine hochdeutsche Übersetzung (in hebräischen Lettern) und ab 1780 auch eine hebräische Kommentierung (*Be'ûr*) der Bibel. Im selben Jahr provoziert ihn der

Zürcher Theologe Johann Caspar Lavater (gest. 1801) mit dem Ansinnen, zum Christentum zu konvertieren, was eine intensive Auseinandersetzung nach sich zieht.

1771/2 Erscheinen der jüdisch-deutschen *Dyhernfurther Privilegierten Zeitung*.

1772 Erste Teilung Polens. Rußland erhält die Gebiete östlich von Düna und Djnepr. Mit der Annexion Weißrußlands geraten zahlreiche Juden unter die Herrschaft des Zarenreiches. Preußen erhält Westpreußen. Das Habsburgerreich übernimmt Ostgalizien und Ruthenien.

1777 Mendel ben Mose aus Witebsk/Minsk (1730–1788) zieht mit ca. 300 Chasidim ins Land Israel.

1778 David Friedländer (1750–1843), ein Wegbereiter der Reformbewegung und energischer Verfechter der Gleichberechtigung, gründet dank einer Stiftung die moderne jüdische *Freischule* in Berlin.

1779 G. E. Lessing plädiert mit der *Ringparabel* in seinem Schauspiel *Nathan der Weise* für ein tolerantes Verhalten zwischen den Religionsgemeinschaften.

1780–1880 Aufklärung und Emanzipation der Juden.

1781–1789 Im Habsburgerreich erläßt Joseph II. (1780–1790; seit 1765 röm. Kaiser) regional und zeitlich gestaffelt Toleranzedikte bezüglich *Akatholiken* und Juden (1781 Böhmen; 1782 Mähren; 1783 Ungarn; 1789 Galizien). Bedingung für die *Verbesserung* der Juden ist eine Modernisierung des Schulwesens, die Erziehung zu nützlichen Staatsbürgern und eine unauffällige öffentliche Religionsausübung. Da innerhalb der Habsburgermonarchie die oberitalienischen Gemeinden schon über eine säkulare Bildungstradition verfügen und manche ihrer Rabbiner überregional hohes Ansehen genießen, formt sich im böhmisch-galizischen Judentum gegen 1800 eine gemäßigte jüdische Aufklärung aus, die den Reformprozeß langsam voranbringt.

1782/3 Der preußische Jurist Christian W. von Dohm publiziert die programmatische Schrift *Über die bürgerliche Verbesserung der Juden* (1782). Moses Mendelssohn legt seine eigenen Auffassungen von Judentum und synagogal-rabbinischer Ordnung 1783 in der Schrift *Jerusalem* dar.

1783/4 Isaak Euchel gründet die *Chäbrat dôršê l^{e}šôn `Ebär* zur Förderung der hebräischen Sprache und Literatur, und 1784 mit anderen in Königsberg die Zeitschrift *Ha-M^{e}'assef* (Der Sammler), in der bis 1811 neuhebräische literarische Beiträge und Übersetzungen erscheinen.

1786 (7. Mai) Zarin Katharina II. (1762–1796) erläßt auf Grund einer Petition von 1784 ein Edikt zur Bestätigung jüdischer Rechte in Weißrußland.

1787/8 Die Verfassung der USA garantiert u. a. auch Gleichberechtigung für Juden.

1788 Erste jüdische Einwanderer in Australien.

1789/91 Mit dem Sturm auf die Bastille am 14. Juli 1789 beginnt die französische Revolution. Die Allgemeine Erklärung der Menschenrechte am 26. Aug. führt 1790 und 1791 zur bürgerlichen Gleichstellung der Juden.

1791 Das zaristische Rußland beschränkt das Recht der Niederlassung in Rußland für Juden auf den *Rayon*. Das zugrundeliegende Problem sind fluktuierende jüdische Randschichten (*poimaniki*).

1793 (23. Jan.) Zweite Teilung Polens. Litauen, Wolhynien und Podolien werden russisch. Preußen erhält mit Posen und Kalisch eine große Zahl an jüdischen Bürgern.

1794 Vergeblicher Polenaufstand gegen Rußland und Preußen unter Thaddäus Koseciuszko. Am Aufstand beteiligt sich auch Oberst Berek Joselewicz mit einer jüdischen Einheit.

1794 Im Zarenreich werden Juden einer doppelten Besteuerung unterworfen.

1794 (1. Juni) Das *Allgemeine Preußische Landrecht* verordnet gleiches Recht für alle Bürger. Damit entfällt die traditionelle jüdische Rechtsautonomie. Was Aufklärer und Reformer als Errungenschaft feiern, wird von der Mehrheit in den Gemeinden als Bedrohung empfunden.

1795 Dritte Teilung und Auflösung Polens. Die Hauptgebiete Polens und das Herzogtum Kurland fallen an Rußland. Preußen erhält weitere polnische Gebiete, Österreich Westgalizien mit Krakau.

1797 Preußisches Generaljudenreglement mit staatlicher Bevormundung der Gemeinden.

1797 Tod des gesetzesgelehrten Rabbiners und Bibelkommentators Elia ben Salomo, «Gaon» von Wilna (geb. 1720). Der Begründer der litauischen Schule der Orthodoxie war ein entschiedener Gegner sowohl des Chasidismus wie der jüdischen Aufklärung.

1800 Rabbi Nachman von Braclaw (geb. 1772–1811) aus Podolien, von Naherwartung erfüllt 1798 ins Land Israel gezogen, kehrt zurück und begründete den stark kabbalistisch-mystisch und asketisch geprägten *Braclawer Chasidismus*.

1802 (9. Okt.) Edikt des Zaren Alexander I. (1801–1825) zur teilweisen Gleichstellung der Juden mit Zuerkennung des Wahlrechts. Die Umsetzung verläuft nach 1804 aber im Sande.

1806 In Dessau erscheint (bis 1848) *Sulamith. Zeitschrift zur Beförderung der Kultur und Humanität unter der jüdischen Nation.*

1807/8 Einberufung des *Grand Sanhédrin* (erstmals am 9. Febr.) als Vertretung für die französischen Judengemeinden. Die jüdischen Gemeinden werden unter einem *Consistoire* als zentraler Dachbehörde reorganisiert.

1807 In dem durch Napoleon geschaffenen Westfälischen Königreich wird die volle bürgerliche Gleichberechtigung der Juden eingeführt. Israel Jacobsohn (1768–1828) wird 1808–1813 Präsident des «Konsistoriums» in Kassel.

1812 (11. März) *Edikt, betreffend die bürgerlichen Verhältnisse der Juden in dem Preußischen Staate*, das sogenannte Gleichstellungsedikt. Die Juden werden gleichberechtigte Staatsbürger. Aber § 39 definiert die Stellung der jüdischen Religion aber im Sinne einer Respektierung der bestehenden orthodoxen Gemeinden, was bis 1876 jede Veränderung in religiösen Belangen verhindert und viele Anliegen der jüdischen Aufklärer und Reformer blockiert.

1813 Tod des Begründers des kabbalistisch orientierten ChB"D-Chasidismus, Schneur Zalman von Ljadi (geb. 1745). Aus Osteuropa früh in die USA abgewandert, bleiben die *Ljubawitscher* von den NS-Verfolgungen verschont. Die Dynastie Schneurson steht bis zum Tod des letzten *Rebbe* 1994 an der Spitze der religiös streng orthodoxen und autoritären, professionell aber technisch-modernen Gemeinschaft, die eine innerjüdische Mission betreibt und ein modernes Berufsschulwesen unterhält.

1815/19 Wiener Kongreß und Beginn der Reaktion mit den Karlsbader Beschlüssen von 1819. Der Status der Juden wird in zahlreichen Territorien wieder zurückgeworfen.

1815 Tod des «Sehers von Lublin» (geb. 1714). Jakob Isaak ha-Chozäh führte den »praktischen Chasidismus» ein, der sich besonders intensiv um die sozialen Belange der Anhängerschaft kümmert.

1817/19 In Hamburg gründen Reforminteressierte den *Tempel* als erste Reformsynagoge mit einer Orgel und mit liturgischen Neuerungen, die 1819 in einem ersten Gebetbuch dieser Art publiziert werden. Die Orthodoxen reagieren darauf mit der Publikation *'Elläh dibrê ha-b^{e}rît* (Dies sind die Worte des Bundes).

1818/19 Leopold Zunz (1794–1886) initiiert 1819 die Gründung des *Vereins für die Cultur und Wissenschaft des Judenthums*. Von der *Wissenschaft des Judentums* erwarten aufgeklärte Juden eine Neubelebung der jüdischen Kultur und ein neues jüdisches Selbstbewußtsein.

1819 Judenfeindliche Unruhen (*Hepp-Hepp*) in Frankfurt, Würzburg und anderen Orten.

1820 Die Gesamtzahl der Juden in der Welt beträgt ca. 3,75 Millionen, davon 2,25 in Osteuropa, in den USA nur 8000.

1821 In Wien erscheint (bis 1833) die neuhebräische literarische Zeitschrift *Bikkûrê ha-`ittîm*.

1823 Erste jüdische Ansiedlungen in Brasilien.

1827 Der Rabbiner, Bibelübersetzer und Bibelkommentator Isaak Samuel Reggio (1784–1855) publiziert *Ha-tôrah we-ha-fîlôsôfijah* (Die Torah und die Philosophie) und plädiert für eine Verbindung zwischen Tradition und moderner Bildung.

1827 Militärpflicht für Juden in Rußland. Diese rechtliche Gleichstellung empfinden Orthodoxe als Katastrophe: statt in den Talmudschulen zu lernen, verbringen junge Juden viele Jahre beim Militär.

1829 Gründung des *Collegio Rabbinico Italiano* in Padua, des ersten modernen Rabbinerseminars. Es übersiedelte später nach Florenz und schließlich nach Rom.

1830 Gründung der *École rabbinique* (des Rabbinerseminars) in Metz (ab 1859 in Paris), die mit ihrem sefardisch orientierten Lehrbetrieb eine Spitzenposition unter den traditionellen Rabbinerbildungsanstalten einnimmt.

1830/1 An den polnischen Aufständen gegen die Zarenherrschaft beteiligen sich auch Juden, was Repressalien nach sich zieht.

1831 ff. Ansteigende Auswanderung in die USA. Bis 1882 wächst die Zahl der Juden von ca. 5000 auf ca. 275 000 an.

1830 Versammlung orthodoxer Rabbiner in Lemberg zur Abwehr der jüdischen Aufklärung.

1831 Gabriel Riesser (1806–1863) beginnt einen jahrzehntelangen publizistischen und politischen Kampf für die Gleichberechtigung der Juden, deren nationale Assimilation er voraussetzt. Er wird 1848 Abgeordneter in der Frankfurter Nationalversammlung und 1860 Obergerichtsrat in Hamburg.

1831 Volle bürgerliche Gleichberechtigung der Juden in Frankreich.

1832 Abraham Geiger (1810–1874), der Begründer des organisierten Reformjudentums und prominenter Vertreter der Wissenschaft des Judentums, wird Rabbiner in Wiesbaden, später (1843) in Breslau. Im Jahr 1863 wechselt er nach Frankfurt, zuletzt (1870) nach Berlin, wo er ab 1872 auch an der neugegründeten Hochschule für die Wissenschaft des Judentums lehrt.

1835 Abraham Geiger gründet die *Wissenschaftliche Zeitschrift für jüdische Theologie* und den *Verein jüdischer Gelehrter*.

1836/7 Samson Raphael Hirsch (1808–1888) publiziert *Ben Uzziel* (später: *Neunzehn Briefe über das Judentum*) und (1837) *Choreb. Oder Versuche über Jissroels Pflichten*. Hirsch wird 1846–1851 Landesrabbiner in Mähren, ab 1851 Rabbiner der *Israelitischen Religionsgesellschaft* in Frankfurt a. M., die traditionelle Frömmigkeit mit den Erfordernissen der modernen Welt vereinen will (*Torah* mit *Däräk ʿärätz*). Im Jahr 1876 läßt die preußische Gesetzgebung die Bildung orthodoxer Sondergemeinden zu und in der Folge wird diese Richtung unter der Ägide der Familie Breuer zur weit verbreiteten *Neo-Orthodoxie*.

1835 Gründung der jüdischen Gemeinde Cleveland, USA.

1837 Rabbinerversammlung in Wiesbaden zur Erörterung anstehender Reformen .

1837 (1. Mai)–1922 *Allgemeine Zeitung des Judentums*, begründet und lange Zeit herausgegeben vom reformjüdischen Publizisten Ludwig Philippson (1811–1889). Sie wird das bedeutendste jüdische Presseorgan im Deutschen Reich.

1838 Tod des Pädagogen und Autors populär gehaltener wissenschaftlicher Schriften Peter Beer. Er war der einflußreichste und effektivste Vertreter der jüdischen Bildungsreform in Böhmen und Mähren bzw. Österreich.

1839 Tod des Gesetzesgelehrten Mose ben Samuel Sofer/Schreiber (geb. 1762) aus Frankfurt. Er wirkte in Mähren und dann sehr erfolgreich in Ungarn, widersetzte sich vehement der jüdischen Aufklärung und der *Wissenschaft des Judentums* und trug 1869 wesentlich zur Entstehung der orthodoxen Sondergemeinden in Ungarn bei.

1839/40 [5600] Nach einer Berechnung ein messianisches Jahr; daher ziehen zahlreiche Orthodoxe ins Land Israel.

1840–1878 In Würzburg wirkt der streng orthodoxe *Würzburger Rab*, Seligmann Bär Bamberger (geb. 1807), ein scharfer Gegner des Reformjudentums. Sein Engagement als Rab seiner Talmudschule und als Erziehungsreformer verschaffte ihm überregionales Ansehen. Er gründete 1856 mit der *Israelitischen Erziehungs- und Unterrichtsanstalt* einen erfolgreichen modern-orthodoxen Volksschul-Typ und 1864 die *Israelitische Lehrerbildungsanstalt*.

1840 Erscheinungsbeginn der *Archives Israélites* in Paris.

1840 Anfänge der litauisch-orthodoxen *Mûsar*-Bewegung (*mûsar* = Zucht, Ethos) unter Israel Salanter (geb. 1810). Sie sucht Torahfrömmigkeit mit betont ethischer Motivation zu verbinden und gewinnt im Lauf der Zeit eine überregionale Anhängerschaft.

1840 Die Damaskus-Affäre. Die Ermordung eines Kapuziners zieht eine

Ritualmordbeschuldigung gegen Juden nach sich, die nur dank der Intervention europäischer Mächte frei kommen. Die Affäre gibt den Anstoß zu einem neuen Solidaritätsbewußtsein des Diasporajudentums und führt in den Folgejahren zur Gründung internationaler jüdischer Organisationen.

1840 Isaak A. Francolm (1788–1849), reformjüdischer Lehrer und Prediger, publiziert *Das rationale Judentum*. Wie Formstecher (>1841) stellt er den Inhalt des jüdischen Glaubens als ethische Vernunftreligion dar und huldigt einem moralischen Fortschrittsglauben. Als erfolgreicher Schulbuchautor prägt er noch lange Zeit ganze Schülergenerationen.

1841 Das Gebetbuch des Hamburger Reform-Tempels führt zu Kontroversen zwischen Reformern und Orthodoxen.

1841 Salomo Formstecher (1808–1889) publiziert *Die Religion des Geistes*, eine reformjüdische Darstellung der jüdischen Glaubensinhalte. Das Judentum der biblischen Propheten repräsentiert den *ethischen Monotheismus*, die Religion des Geistes, im Gegensatz zum *physischen Monotheismus* der naturverhafteten Religionen. Dem Christentum obliegt die Aufgabe, die Wahrheit des Judentums an die Völkerwelt zu vermitteln. Im so erzielten moralischen Fortschritt der Menschheit besteht der Sinn der traditionellen messianischen Hoffnung. Formstechers Begriff *ethischer Monotheismus* wurde im 19./20. Jh. über das Reformjudentum hinaus zu einem gängigen Schlagwort.

1841 Gründung des englischsprachigen *Jewish Chronicle* in London, einer bis heute erscheinenden jüdischen Zeitung von zeitweilig großem Einfluß. Zugleich erscheint in London bis 1848 zweiwöchentlich die orthodoxe Zeitschrift *The Voice of Jacob*, gefolgt von *The Anglo-Jewish Magazine*.

1841 Kontroversen wegen der Anschaffung einer Orgel für die Frankfurter Synagoge.

1841 Der Reformrabbiner Isaak M. Weis (1819–1900) aus Böhmen wandert in die USA aus und wirkt unter dem Namen I. M. Wise in New York und Cincinnati als maßgeblicher Gestalter des *Reform Judaism*. 1875 wird er Präsident des neugegründeten *Hebrew Union College*.

1842 Der Reformrabbiner Samuel Hirsch (1815–1889) publiziert *Die Religionsphilosophie der Juden*. Er wendet Hegels Geschichtsbild bei völliger Umkehrung der Wertungen auf die jüdische Geschichte an und definiert das Judentum als *intensive Religiosität* mit der Aufgabe der Bewahrung der

Wahrheit in Absonderung, während das Christentum als *extensive Religiosität* die Aufgabe hat, die Wahrheit – in taktischer Angleichung – solang an das Heidentum zu vermitteln, bis sich im Stadium der Synthese, der *absoluten Religiosität* (anstelle der messianischen Heilszeit), die Wahrheit voll durchgesetzt hat.

1842 Gründung einer Gesellschaft von Reformfreunden in Frankfurt a. M., nun neben dem Hamburger Tempel zweiter Brennpunkt der Reformdebatte.

1842 Gründung der *West London Synagogue for British Jews.*

1842 Im Zarenreich wird eine Kommission zur Behandlung jüdischer Belange eingerichtet. Sie wird 1881 aufgelöst und durch eine neue, bis 1888 amtierende ersetzt.

1843 Gründung der *B'nai Brit* (Bundessöhne) in den USA. Diese immer gewichtiger werdende Vereinigung zur Pflege jüdischer Kultur und Philanthropie und zur Bekämpfung des Antisemitismus ist seit 1882 auch in Europa und ab 1888 auch in Palästina vertreten, heute in der ganzen Diaspora tätig und übt einen beträchtlichen politischen Einfluß aus.

1843/44 In Smyrna erscheint die Zeitschrift *Ša'ᵃrê mizrach* in Ladino (Judeo-Espagnol). Gründung des Journals *L'Universe Israélite* in Paris, das bis 1940 erscheint.

1844/45 Eine Rabbinerversammlung in Braunschweig diskutiert Reformvorschläge. Aus Protest formiert sich eine konservative Richtung um Zacharias Frankel (gest. 1875), 1836 Landesrabbiner in Dresden. Das konservative bzw. «historische» Judentum nimmt eine Mittelposition zwischen Reformjudentum und späterer Neo-Orthodoxie ein. In den USA etabliert sich nach 1885 ein entsprechendes *Conservative Judaism* unter Isaac Leeser (1806–1868) als eigene Denomination neben den *Reformed.*

1844 Zar Nikolaus I. (1825–1855) erläßt in Rußland ein Gesetz zur Reform des jüdischen Schulwesens. Max Lilienthal (1815–1882) soll im Auftrag der Regierung die Schulreform durchzusetzen, scheitert aber am erbitterten Widerstand der Orthodoxen und Chasidim. Er wandert 1855 in die USA aus und wirkt dort als Reformrabbiner weiter.

1845–1855 Erscheinen der orthodoxen Zeitschrift *Der treue Zionswächter.*

1845 Der konservative Rabbiner Nathan Adler aus Hannover (1803 bis 1890) wird in London zum ersten Chief Rabbi of the British Commonwealth bestellt und fungiert ab 1855 als Präsident des neugegründeten orthodoxen *Jews´ College* in London.

1845 Gründung einer inoffiziellen Reformgemeinde in Berlin.

1846 Eine zweite Rabbinerversammlung in Braunschweig führt die Diskussion über Reformvorschläge ohne konkrete Ergebnisse weiter.

1848/49 Demokratische Revolutionen in fast allen Staaten Europas führen u. a. zu einer vorübergehenden Gleichberechtigung der Juden. Zahlreiche liberale Juden engagieren sich und teilen das Schicksal der Revolutionäre.

1850 In New York erscheint das orthodoxe Wochenblatt *The Jewish Leader*, das auch deutsche Beiträge enthält. 1862 folgt *The Jewish Record*, 1882 ersetzt durch *The Hebrew Standard.*

1851–1939 *Monatsschrift für die Geschichte und Wissenschaft des Judentums*, begründet durch Zacharias Frankel (gest. 1875).

1852–1889 In Galizien erscheint die konservativ-wissenschaftliche Zeitschrift *Hä-Chalûtz*, herausgegeben von Heschel Schorr (1818–1895).

1853 *Jüdisches Volksblatt. Belehrung und Unterhaltung auf jüdischem Gebiete.* Die erste als Massenblatt angelegte jüdische Zeitung (erscheint bis 1866). In Istanbul erscheint die Zeitschrift *La Luz de Israel* in Ladino (Judeo-Espagnol).

1853 Erste Legalisierung von Judengemeinden in Argentinien.

1854 Gründung des konservativen *Jüdisch-theologischen Seminars Fraenkelscher Stiftung* in Breslau unter der Leitung des Rabbiners Zacharias Frankel. Heinrich Graetz (1817–1891), der Verfasser der ersten großen wissenschaftlichen Darstellung der jüdischen Geschichte (*Geschichte des jüdischen Volkes* in 11 Bänden), lehrt an diesem Rabbinerseminar. Gründung des einflußreichen reformjüdischen Wochenblattes *The Israelite*, ab 1874 *The American Israelite.*

1855–1902 Erscheinen der deutschsprachigen Zeitschrift *Deborah* in Cincinnati/USA.

1855 Gründung des modern-orthodoxen Rabbinerseminars *Jews´ College* in London.

1855 Mortara-Affäre in Italien. Die heimliche Taufe des 6-jährigen jüdischen Knaben Edgardo Mortara durch eine Dienstmagd nehmen die kirchlichen Instanzen zum Anlaß, das Kind zu entführen.

1855 (Okt.) Versammlung von Reformrabbinern in Cleveland/USA. Vorbereitung des Gebetbuches *Minhag Amerika.*

1855/56–1882 Erscheinen der hebräischen Wochenzeitung *Ha-Maggîd* in Lyck.

1856–1878 *Jeschurun*, eine hebräische und dann auch deutschsprachige Zeitschrift, hg. von Joseph Kobak, erscheint in Fürth.

1856/61 Der Kirchenstaat wird (abgesehen von Rom) dem Königreich Italien einverleibt, die Juden werden gleichberechtigt. In der Folge unterstützen liberale Juden die italienische Einigungsbewegung (*risorgimento*) gegen die politisch reaktionäre und kirchenpolitisch konservative Politik Habsburgs.

1856 In San Francisco erscheint das englisch- und deutschsprachige religiös-konservative und literarische Wochenblatt *The Hebrew Observer,* später mit *The Jewish Times* zu *Jewish Times and Observer* vereinigt.

1857 Erscheinen der ersten rumänisch-sprachigen (ab 1867 auch französischsprachigen) jüdischen Zeitschrift *Israelitul Roman.*

1857 In New York erscheint das verbreitete modern-orthodoxe Wochenblatt *The Jewish Messenger*, ab 1904 fortgesetzt als *The American Hebrew and Jewish Messenger,* und 1954 mit dem *Jewish Examiner* zum einflußreichen *American Examiner* vereint.

1858 Baron Lionel de Rothschild wird Abgeordneter im britischen Unterhaus.

1858–1867 *Ben Chananja. Monatschrift für jüdische Theologie*, hg. von L. Löw, erscheint in Szegedin.

1860–1938 *Der Israelit.* Eine religiös konservative Zeitschrift.

1860 Gründung der *Alliance israélite universelle* (AIU). Die AIU sorgt v. a. in Nordafrika und in orientalischen Ländern für ein weitverzweigtes frankophones jüdisches Schulwesen.

1860 Gründung des ersten jüdischen Stadtviertels außerhalb der Mauern Jerusalems.

1860 In Istanbul gibt der hohe türkische Justizbeamte Ezechiel Gabbaj auf Ladino (Judeo-Espagnol) die Zeitung *Journal Jisraelit* heraus (erscheint bis 1871); 1865 gefolgt von *El Tresoro*. Beide Blätter vertreten «fortschrittliche» Tendenzen. In Odessa erscheint die hebräische Zeitung *Ha-Melîtz* (bis 1888), in Wilna *Ha-Karmel* (bis 1880).

1860/62 Der von Endzeiterwartungen bestimmte Rabbiner Zbi Hirsch Kalischer (1795–1874) beruft eine Versammlung nach Thorn (Torun) ein, um Ansiedlungen in Palästina zu initiieren. 1862 publiziert er *D^{e}rîšat Tzijjôn* und propagiert die Auswanderung ins Land Israel. Mit Hilfe der *Alliance Israélite Universelle* (> 1860) wird 1870 die erste Siedlung (Mikve Jisrael) gegründet.

1862–1873 *Jüdische Zeitschrift für Wissenschaft und Leben*, hg. von Abraham Geiger.

1862 In Saloniki erscheint die Zeitung *Chronica Israelitica* auf Ladino (Judeo-Espagnol); in Triest die Monatsschrift *Il Corriere Israelitico*; in Warschau die hebräische Zeitung *Ha-Tzefîrah* (bis 1914); in Lemberg die *Zeitung*, ein schlicht aufgemachtes, sehr informatives, auch Weltnachrichten enthaltendes und weit verbreitetes jüdisch-deutsches Wochenblatt.

1862 In Konstantinopel entbrennt ein Konflikt zwischen jüdischen Traditionalisten und Neuerern. Der Sultan unterstützt die Traditionalisten.

1862 Der Frühsozialist Moses Hess (1812–1875) publiziert *Rom und Jerusalem. Die letzte Nationalitätenfrage*. Im Sinne der italienischen Einigungsbewegung fordert er darin eine entsprechende Lösung der jüdischen Frage.

1863 In Budapest erscheint (bis 1867) *Magyar Izraelita*, die erste wichtige ungarischsprachige jüdische Zeitung.

1863–1871 Die hebräische Zeitung *Ha-Lebanôn* («Der Libanon»), hg. von J. Brill, erscheint in Jerusalem, 1872–1881 in Mainz.

1863 (Jan.) Ein antirussischer Aufstand in Polen wird von vielen Juden unterstützt, jedoch rasch niedergeschlagen. Es kommt zu harten Vergeltungsmaßnahmen.

1863 In Galizien erscheint in Jüdisch-Deutsch *Die jüdische Post*. In San Francisco erscheint *The Hebrew*, eine englisch- und deutschsprachige Wochenschrift.

1865 Tod des Gelehrten Samuel David Luzzatto (geb. 1800), Vertreter der *Wissenschaft des Judentums* in Italien. Er lehrte ab 1829 am Rabbinerseminar in Padua, publizierte auf Italienisch und Hebräisch und fand mit seiner gemäßigten Reformhaltung auch unter osteuropäischen Juden Anklang.

1865 In Saloniki erscheint die Zeitung *El Lunah* auf Ladino (Judeo-Espagnol). Gründung des *Nieuw Israelitiesch Weekblad*, der wichtigsten jüdischen Zeitung der Niederlande. In Warschau erscheint das einflußreiche polnisch-russische Blatt *Izraelita*.

1867 Bürgerliche Gleichberechtigung der Juden im Habsburgerreich.

1867 Erscheinen der *Warschauer jüdischen Zeitung*; in Istanbul erscheint in Ladino (Judeo-Espagnol) *El Lucero*.

1868 In Osteuropa erscheint (bis 1872) das jüdisch-deutsche/jiddische Wochenblatt *Qôl m^{e}baśśer*. In Wien gibt (bis 1884) der hebräische Schriftsteller Peretz Smolenskin die Zeitschrift *Ha-Šachar* heraus und tritt für ein säkular-nationales Judentum und eine Modernisierung des Hebräischen ein.

1869 Der Norddeutsche Bund bestätigt die bestehenden Gleichberechtigungsregelungen.

1869 Die jüdischen Gemeinden Londons schließen sich zur *United Synagogue* zusammen.

1869 Ezriel Hildesheimer (1820–1899) gründet in Berlin eine orthodoxe Sondergemeinde, die aber erst nach 1876 staatlich zugelassen wird. 1870 wird eine Synagoge, 1873 ein eigenes Rabbinerseminar eröffnet.

1869 Gründung streng-orthodoxer Sondergemeinden in Ungarn.

1869–71 Reformrabbiner-Versammlungen in Philadelphia, New York und Cincinnati.

1870 In Berlin erscheint (bis 1923) *Die jüdische Presse*; in Magdeburg (bis 1894) die konservative *Israelitische Wochen-Schrift für die religiösen und socialen Interessen des Judenthums.*

1870 (Febr.) Gründung der Siedlung *Mikwe Jisrael* (Hoffnung Israels) in Palästina.

1870 Gründung des orthodoxen Gemeindeverbandes *United Synagogue* in London.

1871 (18.01.) Gründung des Deutschen Kaiserreiches. Die Verfassung von 1871 schreibt auch die Gleichberechtigung der Juden fest. In Elsaß-Lothringen, das bis 1918 an das Deutsche Reich fällt, kommt es in den Folgejahren jedoch zu einer starken jüdischen Abwanderung, teilweise in die Schweiz.

1871 Der katholische Theologe August Rohling publiziert seine von Antisemiten vielzitierte judenfeindliche Schrift *Der Talmudjude*. Rohling wurde gerichtlich zur Rechenschaft gezogen und verlor seine akademischen Funktionen.

1871/75 Gründung von Zeitungen in Ladino (Judeo-Espagnol) in Istanbul: *El Nacional*; *El Tiempo* und *El Telegrafo*. In Smyrna folgt 1873 *La Buena Esperanza*, in Saloniki 1875 *La Epoca*. Alle diese Blätter propagieren die Vorstellungen der türkischen Reformpolitiker.

1872 Gründung der *Hochschule für die Wissenschaft des Judentums* in Berlin. Unter der Leitung von Abraham Geiger (gest. 1874), eine an keine Denomination gebundene außeruniversitäre Institution für Forschung und Lehre.

1872 In London erscheint die einflußreiche Zeitung *The Jewish World*, die 1934 im *Jewish Chronicle* aufgeht.

1872 Gründung der reformjüdischen *Union of Hebrew Congregations* in den USA.

1872/3 Wiener Börsenkrach mit weitreichenden ökonomisch-sozialen Folgen und Auslösung antisemitischer Ressentiments.

1872/3 Gründung der zweimal wöchentlich auf Ladino (Judeo-Espagnol) erscheinenden Zeitschrift *La buena esperanza. La Esperanza* in Smyrna.

1872/3 Ezriel Hildesheimer gründet das orthodoxe Rabbinerseminar in Berlin.

1874–1928 *Jüdische Gazetten. The Jewish Gazette.* Erste einigermaßen erfolgreiche Wochen- und zeitweise Tageszeitung in jiddischer Sprache in den USA, ab 1881 als *Daily Jewish Gazette.*

1875 Gründung des *Hebrew Union College* in Cincinnati, das zur größten Rabbinerausbildungsstätte des Reformjudentums wird und heute über Zweigstellen in Los Angeles, New York und Jerusalem verfügt.

1876 Das *Austrittsgesetz* in Preußen erlaubt die Gründung jüdischer Gemeinden neben den bestehenden orthodoxen.

1877 Gründung der gemäßigt-orthodoxen *Landesrabbinerschule* für Ungarn in Budapest.

1878 Abraham Goldfaden gründet das jiddische Theater in Jassy. Gründung der landwirtschaftlichen Siedlung *Petach Tikvah* (Hoffnungspforte) in Palästina.

1879 Der rassistische Ideologe Wilhelm Marr prägt den Begriff «Antisemitismus».

1879 In Österreich beginnt eine *alldeutsche* Bewegung den Nationalitätenstreit anzuheizen und Antisemitismus politisch zu vermarkten, angeführt von Georg Ritter von Schönerer (1842–1921). Dies geht Hand in Hand mit der *Los-von-Rom-Bewegung*, daher der Slogan *Wider Rom und Juda.* Schönerers Ideologie ist eine der Voraussetzungen des späteren Nationalsozialismus.

1880 Gründung der landwirtschaftlichen Siedlung *Rishon le-Zion* (Erster für Zion) in Palästina.

1880 Gründung der *Revue des Études Juives*, einer bis heute erscheinenden wissenschaftlichen Zeitschrift.

1881–1948 Antisemitismus, Nationalismus, Zionismus und die Shoah. Die Gesetzgebung bezüglich der bürgerlichen Emanzipation bzw. Gleichberechtigung der Juden ist bis 1871 in fast allen Staaten abgeschlossen. Doch in der Praxis bleiben Diskriminierungen weiterhin üblich und es bilden sich sogar Vereinigungen und politische Parteien mit judenfeindlichen, teilweise auch rassistisch motivierten Programmen. Die zionistische Weltbewegung setzt sich ab 1897 zum Ziel, diese Sackgasse der individuellen Assimilation künftig durch die Gründung eines Judenstaates zu vermeiden, stößt aber lange Zeit auf entschiedene Ablehnung in fast allen orthodoxen, konservativen und reformjüdischen Kreisen. Der jüdische Sozialismus ist gespalten, der «Bund» verfolgt eine antizionistische Linie, die zionistischen Arbeiterparteien hingegen bestimmen die Geschichte in Palästina und damit die Zukunft.

1881–1894 Zar Alexander III. Alexander II. wurde am 13. März 1881 Gerüchten zufolge von Juden ermordet; die judenfeindliche Stimmung in Rußland wird dadurch weiter angeheizt. Unter Alexander III. bestimmen politische Reaktionäre und russisch-orthodoxe Nationalisten die Politik, die auch restriktive Maßnahmen gegen Juden einschließt. In der Bevölkerung wächst die Unzufriedenheit mit den sozialen und politischen Verhältnissen. Die Aufhebung der Leibeigenschaft (1861) hatte zu keiner Verbesserung der Lage auf dem Lande geführt, und in den Bildungskreisen der Städte entsteht ein anarchistisches und sozialistisches Revolutionspotential, auch unter jüdischen Intellektuellen. Die Regierung reagiert auf die revolutionären Aktionen mit aller Härte und die Lage eskaliert in den folgenden drei Jahrzehnten immer mehr.

1881/82 Örtliche Judenverfolgungen (*Pogrome*) in Rußland erregen weltweite Aufmerksamkeit und lösen eine starke jüdische Auswanderung nach Westen und über England in die USA aus, wo für einige Jahrzehnte ein jiddischsprachiges Proletariat entsteht. Etwa 30 000 Auswanderer entschließen sich jedoch für Palästina.

1882–1903 *Erste `Alijjah* (Einwanderungswelle), v. a. aus Osteuropa.

1882 Leon Pinsker publiziert die Schrift *Autoemanzipation* mit der Forderung einer nationalen Emanzipation der Juden.

1882 Im Zarenreich dürfen sich westlich gebildete und beruflich nützliche Juden – in nichtjüdischer Kleidung – ohne Beschränkung niederlassen. Die Regelung wird von orthoxen Juden wie von Judenfeinden heftig kritisiert.

1882 In den USA wird die langlebige und weit verbreitete Wochenschrift *The Hebrew Standard* gegründet.

1883 Gründung der jiddischsprachigen, sehr infomativen Zeitung *Der Israelit* in Wien; sie erscheint in Kooperation mit der Lemberger *Zeitung*.

1884 Gründung der Bewegung der *Chôb^{e}bê Tzijjôn* (Zionsfreunde) bzw. *Chibbat Zion* (Zionsliebe), die sich die Gründung landwirtschaftlicher Siedlungen in Palästina vornimmt. Die ersten Siedler (BILU) scheitern mangels ausreichender beruflicher Vorbildung. Baron de Rothschild nimmt sich der Unternehmen an und erwirbt selbst weitläufige Ländereien in Palästina. Unter der Führung des orthodoxen Frühzionisten Jechiel Pines (1843–1913) konzentriert sich die Bewegung auf die Einrichtung handwerklicher Betriebe in Jerusalem. Nach der *Kattowitz-Konferenz* zur Förderung der Einwanderung nach Palästina werden Einwanderer vorweg in speziellen Schulungseinrichtungen vorbereitet. Nach 1897 geht die Gruppierung in der zionistischen Bewegung auf.

1884 In England erscheinen jiddischsprachige sozialistische Zeitungen für das aus Osteuropa in die USA strebende jüdische Proletariat: *Der polischer Jidel* (nur kurz), fortgesetzt durch das Wochenblatt *Die Zukunft* und *Der Arbeiterfreund.*

1885 *Das jüdische Tagblatt.* Jiddischsprachige Tageszeitung in den USA, das infolge der Einwanderungswelle nach 1882 eine größere Leserschaft findet.

1885 Das Reformjudentum der USA verabschiedet die *Pittsburgh Platform.* Sie enthält acht Punkte: (1) Berechtigung monotheistischer Religionen neben dem Judentum, in dem die Gottesidee aber in reinster und höchster Form entfaltet ist. (2) Die Bibel liegt in historisch bedingter Form vor. (3–4) Das tradierte Gesetz (Torah) dient als historisch bedingtes Mittel zur Bewahrung der Wahrheit. (5) Die traditionelle messianische Hoffnung wird durch die Erwartung einer «Herrschaft der Wahrheit, Gerechtigkeit und des Friedens unter allen Menschen» ersetzt. (6) Christentum und Islam erfüllen als Tochterreligionen des Judentums die missionarische Funktion der Verbreitung des Monotheismus, der aber mit den Prinzipien des modernen Humanismus verbunden sein soll. (7) Glaube an eine unsterbliche Seele, Verwerfung der leiblichen Auferstehung. (8) Betonung einer notwendigen Lösung der sozialen Probleme. Diese Positionen werden später unter dem Eindruck des Antisemitismus in Europa in der *Columbus Platform* von 1937 entschärft. Noch weiter und v. a. in eine prozionistische Ausrichtung führt die *San Francisco Platform* von 1976.

1886/7 Gründung des *Jewish Theological Seminary* in New York, der Rabbinerausbildungsstätte des *Conservative Judaism* in den USA.

1887–1944 *Yiddisher Courier*, Tageszeitung in Chicago.

1888/90 Erstes Erscheinen politischer jiddischsprachiger Zeitungen in den USA: *Die Arbeiterzeitung* (sozialistisch); *Freie Arbeiterstimme* (anarchistisch), *Die Wahrheit* (anarchistisch), *Der jidische Volks-Advokat.*

1889 Gründung der *Central Conference of American Rabbis* (CCAR) der reformjüdischen Gemeinden der USA.

1889 Eliezer Ben Jehuda (1858–1922) gründet in Palästina die Vereinigung *Śafah b^e^rûrah* zur Modernisierung des Hebräischen, die sich für die sefardische Aussprachetradition entscheidet.

1890 In den USA erscheint die jiddischsprachige Zeitung *Täglicher Jiddischer Herald.*

1890 In Berlin wird angesichts politischer Agitationen antisemitischer Parteien und Vereine der *Verein zur Abwehr des Antisemitismus* gegründet, der sich bis zur Auflösung im Jahr 1933 um die Widerlegung judenfeindlicher Anschuldigungen und um Aufklärung bemühte.

1890 (April) Nathan Birnbaum (1864–1937), Herausgeber der Zeitschrift *Selbstemanzipation*, prägt den Begriff *Zionismus.*

1891 Antijüdische Ausbrüche auf Corfu veranlassen manche Rabbiner zur Forderung, keine Etrogim (Zitrusfrüchte für das Sukkotfest) von dort zu beziehen und Etrogim aus dem Land Israel zu verwenden. Über die Tauglichkeit dieser Früchte entbrennt eine heftige Kontroverse.

1891 (28.–29. März) Abschiebung von Juden aus Moskau in den sog. *Rayon.*

1891 (11. Sept.) Gründung der *Jewish Colonial Association* (Baron de Hirsch u. a.)

1893 Gründung der *Israelitischen Theologischen Lehranstalt* in Wien.

1893 Gründung des *Central-Vereins deutscher Staatsbürger jüdischen Glaubens* zur Verteidigung jüdischer Interessen. 1938 durch die NS - Behörden aufgelöst.

1893 Auswanderung von Juden aus Bukhara (Rußland) nach Palästina. In Jerusalem entsteht ein eigenes Wohnviertel.

1893–1902 *Das Abendblatt.* Sozialistische jiddischsprachige Zeitung in den USA.

1894–96 Dreyfus-Affäre in Frankreich. Der Offizier Alfred Dreyfus (1856–1935) wurde 1895 zu Unrecht wegen Spionage verurteilt, 1899 begnadigt und 1906 schließlich rehabilitiert. Theodor Herzl (1860–1904) publiziert die programmatische Schrift *Der Judenstaat*, und 1902 den utopischen Roman *Altneuland.* Diese literarische Vision eines säkularen, modernen Staatswesens in Palästina setzte die Trennung von Religion und Staat mit einem internationalisierten Jerusalem voraus.

1895–1918 Der Schriftsteller Israel Zangwill (gest. 1926) versucht mit der *Jewish Territorial Organisation* eine Gegenposition zum Zionismus durchzusetzen.

1896 Tod des Baron Maurice de Hirsch (geb. 1831), Finanzmann, Unternehmer (Eisenbahnbauer in der Türkei) und Philanthrop, der besonders um das Geschick der Juden in Osteuropa besorgt war und die Einführung säkularer Bildungsinhalte förderte, weshalb er auch die AIU (>1860) mit stattlichen Summen unterstützte. Eine Bitte Herzls um Unterstützung seines Judenstaatplanes wies Hirsch aber ab. Er war einer der wenigen, die damals an Palästinas Bevölkerung dachten und befürchtete bei einer massiven Einwanderung nach Palästina Konflikte. Hingegen finanzierte er Ansiedlungsprojekte in weniger spannungsgeladenen Gebieten, v. a. in Argentinien und Brasilien.

1897 Gründung der judenfeindlichen Partei der *Nationalen Demokraten* in Polen.

1897 Gründung des *Bund* in Polen/Rußland, einer jiddischsprachigen, antizionistisch-sozialistischen Arbeiterbewegung mit Ablegern in England und in den USA, die ihren Höhepunkt nach 1919 in Polen erreichen wird. Der *Bund* kämpft in Polen für eine jüdische Autonomie. Gründung der jiddischsprachigen Zeitung *Der Vorwärts*, Hauptorgan der Sozialisten in den USA.

1897 1. Zionistischer Weltkongress (ZWK) und Gründung der Zionistischen Weltbewegung in Basel. Erstrebt wird eine «Heimstätte» für das jüdische Volk im Sinne einer Zufluchtsstätte für verfolgte Juden und der Schaffung eines Territoriums zur Absicherung des Begriffs einer jüdischen Nationalität im modernen Sinn. Wenngleich die Hauptsprache deutsch ist, wird Hebräisch als Sprache der jüdischen Nation favorisiert. Erster Präsident wird Theodor Herzl selbst, der vorrangig auf diplomatische Aktivitäten setzt (*Politischer Zionismus*). Gründung der zionistischen Zeitung *Die Welt.* Sie erscheint auch hebräisch als *Ha-`ôlam.*

1897 Gründung des orthodoxen *R. I. Elhanan Theological Seminary* in New York, aus dem sich die modern-orthodoxe *Yeshiva-University* entwikkelt hat. Gründung des stark religiös ausgerichteten *Gratz College* in Philadelphia, dem 1909 das religiös neutrale *Dropsie College* entgegengesetzt wurde.

1898 2. ZWK in Basel. Beschluß zur Gründung der *Jüdischen Colonial Bank/Jewish Colonial Trust* (1898 verwirklicht). Eine Gruppe zionistisch-sozialistischer Delegierter tritt erstmals in Erscheinung. Herzl ruft angesichts der starken antizionistischen Stimmung in den Gemeinden zu intensiver Überzeugungsarbeit auf.

1898 Gründung der *Union of Orthodox Jewish Congregations* in den USA.

1899–1902 Mit dem Ende des Burenkriegs in Südafrika kommt es zu einer stärkeren jüdischen Zuwanderung. 25 000 Juden leben nun im Land.

1899 Gründung des *Wa`ad ha-lašôn ha-`ibrît* (Ausschuß für hebräische Sprache) durch Eliezer Ben Jehuda in Jerusalem. Ziel ist eine kontrollierte Modernisierung des Hebräischen als moderner Umgangs- und Literatursprache. Später (1935) erwächst daraus die Akademie für hebräische Sprache.

1899 3. ZWK in Basel. Langwierige Debatten über die Prioritäten (politische oder praktische Aktionen) und zusätzlich über die Frage einer «jüdischen Kultur». Ascher Ginzburg (1856–1927) bzw. Achad ha-Am aus Rußland (ab 1907 in England, nach 1922 in Palästina), der führende Kopf der osteuropäischen Palästinabewegung (*Chibbat Çijjon*), verficht nämlich einen «Kulturzionismus» und betont den Vorrang eines geistig-kulturellen Zentrums vor dem politisch-wirtschaftlichen Aufbau und einer Staatsgründung in Palästina. Gründung des *Jewish Colonial Trust*, des zionistischen Geldinstituts, das in Palästina als *Anglo-Palestine Bank* firmiert.

1900 4. ZWK in London. Besorgnis über die judenfeindlichen Tendenzen in Rumänien und über die Beschäftigung nichtjüdischer Arbeiter in jüdischen Siedlungen in Palästina. Es werden jüdische nationale Sport-Organisationen gewünscht.

1900 Die Gesamtzahl der Juden in der Welt beträgt ca. 10,5 Millionen, davon ca. 7,5 in Osteuropa und 1 Million in den USA. Für Deutschland schätzt man über 500 000, für Nordafrika 300 000, Frankreich 150 000, Holland 104000, Palästina 40 000.

1901 5. ZWK in Basel. Herzl berichtet über die Gespräche mit dem Sultan. Konstitution der bürgerlichen Demokratisch-zionistischen Fraktion. Die Verzögerung der Einrichtung des *Jewish Colonial Trust* wird gerügt und ein Beschluß zur Einrichtung des Jüdischen Nationalfonds (*Ha-qärän ha-qajjämät/Jewish National Fonds*) gefaßt. Seine Aufgabe besteht darin, in Palästina Grund und Boden für jüdische Ansiedlungen als *unveräußerliches Eigentum des jüdischen Volkes* zu erwerben. Chaim Weizmann plädiert für eine stärkere Berücksichtigung der jüdischen Kultur und für demokratischere Strukturen.

1901 Die Rabbiner der Gemeinden des *Conservate Judaism* in den USA gründen das *Rabbinical Assembly of America*.

1902 Gründung der Weltvereinigung der religiös-orthodoxen Zionisten *Mizrachi* (später: *Nationalreligiöse*), deren Ziel es ist, in der zionistischen Weltbewegung die Torah möglichst weitgehend durchzusetzen.

1902–1906 Johann Kremenetzky (Maier) baut in Wien den Jüdischen Nationalfonds auf. 1907 wird die Leitung nach Köln verlegt und 1922 nach Jerusalem.

1902/05 Die britische Regierung offeriert der Zionistischen Weltorganisation die Sinaihalbinsel («El-Arish-Project») und danach Uganda als Territorium für eine jüdische Heimstätte.

1903 6. ZWK. Der von Herzl mit Rücksicht auf bedrängte osteuropäische Juden unterstützte Uganda-Plan wird heftig kritisiert und durch eine Kommission geprüft.

1903 Im Zarenreich dekretiert Nikolaus II. (1894–1917) einige Erleichterungen für Juden, doch mehrere antijüdische örtliche Ausschreitungen (beginnend mit den Kishinew-Pogromen von 1903) verursachen eine Panik. Die revolutionären Tendenzen unter Beteiligung jüdischer Radikaler verstärken sich.

1904–1914 2. *`Alijjah*: Einwanderungswelle aus Osteuropa nach Palästina. Sozialistische Zionisten aus Osteuropa bestimmen von nun an die zionistische Politik in Palästina. Weit umfangreicher ist aber die Auswanderung nach Nordamerika, wo um 1910 schon 1 bis 1,5 Mio. Juden leben.

1905 Gründung der Arbeiterpartei *Ha-pô`el ha-tza`îr* (Der junge Arbeiter) als utopisch-sozialistisches Gegengewicht zum Massensozialismus. In kleinen sozialen Einheiten, *Qibbûtz* (Gemeinschaftssiedlung) und *Môšab* (Genossenschaftsiedlung) wird versucht, dem Ideal praktisch nahe zu kommen. 1930 geht die Partei in der MAPAI auf.

1905 7. ZWK in Basel. Die Mehrheit lehnt alle alternativen Ansiedlungsvorschläge ab und besteht auf dem *Land Israel.* I. Zangwill verläßt die ZWO.

1906 Gründung des liberalen *American Jewish Committee* (AJC) zur Unterstützung bedrängter jüdischer Gemeinschaften in Osteuropa und später unter der NS-Herrschaft. Gründung der Bezalel-Akademie in Jerusalem, der ersten jüdischen Kunsthochschule. Gründung der zionistisch-sozialistischen Arbeiterpartei *Po`ale Zion.*

1907 8. ZWK in Den Haag. Einigung auf einen Kompromiß zur Definition der zionistischen Ziele. Der *synthetische Zionismus*, verfochten durch Chaim Weizmann, verbindet die Ziele des *politischen* und des *praktischen* Zionismus und berücksicht auch Anliegen des *Kulturzionismus.* Einrichtung des *Palästinabüros* der ZWO in Jaffa unter Arthur Ruppin (1876–1943), der den zionistischen Aufbau erfolgreich zu organisieren beginnt.

1907 Gründung der reformjüdischen *Union Libérale Israélite* in Paris.

1908 Gründung des *Vereins für das liberale Judentum in Deutschland* zur Koodinierung der reformjüdischen Gemeinden.

1908 (Juli) Innenpolitische Wirren im Osmanischen Reich. Viele junge sefardische Juden sympathisieren mit den *Jungtürken*, was in den Gemeinden zu Generationskonflikten führt.

1908/9 Gründung der ersten zionistisch-sozialistischen Gemeinschaftssiedlung (*Qibbutz*) in *Deganja* am Südende des Sees Genezareth.

1909 9. ZWK in Hamburg. Die Beurteilung der Siedlungen in Palästina verläuft kontrovers.

1910 Gründung des Vereins *Hä-chalutz* (Der Pionier), einer Organisation zur Vorbereitung für die Ansiedlung (v. a. von jungen Leuten) im Land Israel. Ab 1919/20 wirkt sie v. a. in Osteuropa und in den USA.

1911 10. ZWK in Basel (*Friedenskongreß*). Das Tauziehen zw. politischem und praktischem Zionismus geht zu Ende, die bürgerliche *demokratisch-zionistische Fraktion* unter Chaim Weizmann gewinnt an Boden. Erstmals stellt, ohne viel Echo zu finden, ein Delegierter das Problem der arabischen Bevölkerung Palästinas zur Diskussion.

1912 Henrietta Szold gründet die zionistische Frauenorganisation *Hadassah*, sie wird 1920 durch die WIZO ergänzt. Gründung der *Agudas Jissroel/'Aggûdat Jiśra'el* als Zusammenschluß der anti- und nichtzionistischen Orthodoxie.

1913 In Palästina entbrennt ein jahrelanger und erbitterter Sprachenstreit zwischen Befürwortern des Jiddischen und des Hebräischen. Das Jiddische wird in der Folge unter Zionisten geradezu geächtet und bleibt nur mehr in streng-orthodoxen und chasidischen Kreisen lebendig.

1913 Beim 11. ZWK in Wien erreicht die *demokratisch-zionistische Fraktion* unter Chaim Weizmann die Mehrheit. Sie bildet das bürgerliche, diaspora-zionistische Gegengewicht zum sozialistischen Pionierzionismus Palästinas unter David Ben Gurion.

1913 Gründung des Kibbutz *Kinnereth* am Genezareth-See.

1913 Gründung der *United Synagogue of America*, Dachorganisation der konservativen Gemeinden in den USA.

1914 (26. Juni)–1918 Der Erste Weltkrieg. Die jüdischen Sympathien sind gespalten. Assimilierte Juden teilen mehrheitlich den Patriotismus ihrer nichtjüdischen Mitbürger und stehen sich an den Fronten als Feinde gegenüber. Die zionistische Führung ist aber pro-englisch orientiert.

1914 Gründung des *American Jewish Joint Distribution Committee* (AJD); meist einfach *Joint* genannt; eine der bedeutendsten jüdischen Hilfsorganisationen.

1915 Gründung des jüdischen Maultierkorps (650 Mann) innerhalb der britischen Armee. Es wird von den Briten aber bewußt nicht zur Eroberung Palästinas eingesetzt, sondern an die Dardanellenfront verlegt. 1917 werden zusätzlich drei Regimenter als *Jüdische Legion* aufgestellt und nach 1918 wieder aufgelöst.

1916 Louis D. Brandeis (1856–1941), Rechtsanwalt in Boston und führender Zionist in den USA, wird durch Präsident Wilson zum Mitglied des Obersten Gerichtshofes der USA ernannt.

1916 Der britische Hochkommissar für Ägypten verspricht dem Scherif von Mekka die Errichtung eines arabischen Königreiches nach dem Sieg über die Türkei. Mit dem Sykes-Picot-Abkommen einigen sich aber Vertreter der Entente auf die Verteilung der Interessensphären im Nahen Osten.

1916 Gründung des hebräischen Theaters *Habimah* in Moskau, ab 1926 in den USA und ab 1928 in Tel Aviv, ab 1965 Israels Nationaltheater.

1917–1921 Im Lauf der russischen Oktoberrevolution kommt es wiederholt zu Ausschreitungen gegen Juden. Auf der Seite der Revolution stehen zahlreiche assimilierte Juden. Die jüdischen Sozialisten geraten in die aufbrechenden Richtungskämpfe, der *Bund* spaltet sich und wird in der Sowjetunion 1921 aufgelöst.

1917 Der ukrainisch-jüdische Revolutionär Leo Trotzky (Davidowitsch Bronstein) kehrt aus dem Schweizer Exil nach St. Petersburg zurück und schafft die Voraussetzungen für die spätere Rote Armee. Ab 1926 wird er im internen Machtkampf von Stalin ausgebootet, 1928 verbannt, 1929 ausgewiesen und 1940 in Mexiko ermordet.

1917 (Sept./Okt.) Verhaftung von Mitgliedern des pro-britischen jüdischen Spionageringes NILI durch türkische Behörden in Palästina.

1917 2. Nov.: Der zionistische Politiker Chaim Weizmann erwirkt in London die sog. *Balfour Declaration*: ein offiziöser Brief des britischen Kolonialministers Lord Balfour mit der Zusage britischer Unterstützung bei der Gründung einer Nationalen Heimstätte der Juden in Palästina, unter dem Vorbehalt, daß Rechte anderer nicht beeinträchtigt oder präjudiziert werden.

1917 (Dez.) Besetzung Jerusalems durch britische Truppen unter General Allenby.

1918 Die britische Regierung ernennt eine zionistische Kommission zur Vorbereitung der Durchführung der *Balfour-Declaration*. Eine entsprechende Maßnahme für den arabischen Bevölkerungsteil erfolgt nicht. Grundsteinlegung für die Hebräische Universität Jerusalem auf dem Skopusberg. Sie soll nach den Plänen der Gründer das geistige Zentrum des Judentums werden. Der zionistische Politiker Chaim Weizmann trifft sich in Akaba mit dem Emir Feisal, um die Lage in Palästina zu besprechen.

1918 Gründung des *American Jewish Congress* zur Verteidigung jüdischer Rechte.

1918–1939 Im wiedererstandenen Polen bleiben Katholizismus und Nationalbewußtsein eng verbunden, die Juden bilden mit 10 % eine Bevölkerungsgruppe, von der man den Verzicht auf ethnisch-nationale Eigenständigkeit erwartet. Das wiederspricht der zionistischen Ideologie und so kommt es zu einer Auswanderungswelle nach Palästina. Das Verhältnis der Volksgruppen bleibt gespannt. Politisch aktiv betätigt sich v. a. der jüdisch-sozialistische *Bund.*

1919/23 3. *Alijjah* (Einwanderungswelle) nach Palästina.

1919 Gründung des *Comité des Délégations Juives* zur Wahrnehmung jüdischer Interessen unter der Führung von Chaim Weizmann bei den bevorstehenden Friedensverhandlungen in Versailles und St. Germain.

1919 Gründung der *Akademie für die Wissenschaft des Judentums* in Berlin.

1919 (März–Aug.) Räterepublik in Ungarn. Die hohe Beteiligung von Personen jüdischer Abstammung wird in der antisemitischen Propaganda als Beweis für eine enge Verbindung zwischen *Bolschewismus* und Judentum ausgeschlachtet.

1919 In Palästina vereinigen sich kleinere Parteien mit den *Po`ale Zion* zur *'Achdût ha-`ᵃbôdah* (Einheit der Arbeit), die in der Folge unter David Ben Gurion die jüdische Politik in Palästina bestimmt. Sie geht 1930 in der MAPAI auf.

1919/20 Schwere Pogrome in der Ukraine während des Bürgerkrieges.

1920–1929 Chaim Weizmann (1874–1952) Präsident der ZWO. Die bürgerlichen Zionisten der USA unter Louis D. Brandeis (1856–1941) fühlen sich im Verhältnis zu ihrer Finanzkraft benachteiligt und ziehen sich aus den zionistischen Führungsgremien zurück. Es beginnen Verhandlungen für eine breitere jüdische Absicherung der Zielsetzungen.

1920 (Febr./März) Der Ostteil der Ukraine mit seinem starken jüdischen Bevölkerungsanteil wird eine Sowjetrepublik.

1920 (29. Febr.) Arabischer Überfall auf den Kibbutz Tel Haj.

1920 (24. April) Konferenz von San Remo. Großbritannien wird das Völkerbundmandat für Palästina zugesprochen. Die jüdischen Politiker Palästinas reagieren rasch mit der Gründung der *´Asefat ha-nibcharîm* (Delegiertenversammlung), dem obersten Gremium der zionistisch-jüdischen Bevölkerung Palästinas. Dieses wählt den *Wa`ad l^e´ûmmî* (Nationalkommitee), der Regierungsfunktionen erhält und 1929 zur *Jewish Agency* umgestaltet wird. Der dritte palästinensische Nationalkongress in Haifa verlangt vergeblich die Einrichtung einer entsprechenden palästinensischen Selbstverwaltung und 1920/21 kommt es erstmals zu vereinzelten antizionistischen Unruhen.

1920 Gründung der *Women´s Zionist International Organisation* (WIZO), die weltweit (in den USA als *Hadassah*) philanthropisch tätig wird und seit 1948 ihren Hauptsitz in Israel hat. Gründung des *Qärän ha-jesôd,* einer Institution zur Finanzierung von Siedlungsprojekten. Gründung der jüdisch-zionistischen Gewerkschaftsorganisation, meist nur *Histadrut* (Organisation) genannt. Sie kontrolliert bis in die Siebzigerjahre des 20. Jh. den Großteil der Wirtschaft Palästinas und übt einen bestimmenden politischen Einfluß aus.

1921 Gründung der genossenschaftlichen Mustersiedlung *Nahalal* in Palästina. Zusätzlich zum Amt des sefardischen *Chakam Bashi* wird ein aschkenasisches Oberrabbinat für das Land Israel eingerichtet.

1921 12. Zionistischer Weltkongress in Karlsbad. Der Ausgang des 1. Weltkrieges, die *Balfour-Declaration* und der Plan eines Völkerbundmandats für Palästina lassen eine Verwirklichung des zionistischen Traumes als möglich erscheinen. Die Unruhen in den Jahren 1920 und 1921 rücken aber auch das Problem der arabischen Bevölkerung ins Rampenlicht. Der Kongreß erklärt, mit dem arabischen Volk in gegenseitigem Respekt und harmonisch zusammenleben zu wollen und fordert die Zionistische Exekutive auf, dem arabischen Bevölkerungsteil mehr Verständnis entgegenzubringen.

1922 (24. Juli) Der Völkerbund unterstellt Palästina als Mandatsgebiet der britischen Verwaltung. Der Inhalt der *Balfour-Declaration* fließt in die Aufgabenbeschreibung des Völkerbundmandats ein und ermöglicht in Palästina eine offiziell anerkannte zionistische Selbstverwaltung des *Jiššub*, der jüdisch-zionistischen Bevölkerung. Erster Hochkommissar wird Sir Herbert Samuel. Die Mandatsregierung übernimmt die türkische Praxis einer weitgehenden Autonomiegewährung für religiös-ethnische Minderheiten. So behält das orthodoxe Rabbinat in religiösen Belangen seine Monopolstellung, zumal die meisten Zionisten keine religiösen Interessen haben.

1921 Die *Allgemeinen Zionisten* (*General Zionists*), bisher nicht gruppengebundene Delegierte am ZWK, gründen eine bürgerliche und religiös neutrale Partei.

1922 Gründung des utopisch-sozialistischen Kibbutz *Bet Alfa.*

1922 (24. Juni) Ermordung des deutschen Außenministers Walter Rathenau.

1922 (Sept.) Auf Grund des *Churchill-Weißbuches* wird Transjordanien vom Völkerbund-Mandatsgebiet *Palästina* abgetrennt und zu einem haschemitischen Königreich unter britischer Mandatsaufsicht; erster König wird Abdallah I. Ein zum Islam konvertierter britischer Offizier (*Glubb Pascha*), bildet die *Arabische Legion* aus, die einzige ernst zu nehmende Kampftruppe im arabischen Bereich. Hintergrund ist die überraschende, fast vollständige Einigung der arabischen Halbinsel durch die Dynastie Sa`ud.

1922 (28. Okt.) *Marsch auf Rom.* Benito Mussolini übernimmt am 31.10. mit weitreichenden Vollmachten die Regierung. Die faschistische Partei, die von vielen jüdischen Bürgerlichen unterstützt wird, kontrolliert schließlich den Staat.

1922 (20. Nov.) Die britische Mandatsverwaltung anerkennt Hebräisch als offizielle Sprache des jüdischen Bevökerungsteils.

1922 (Dez.) Gründung der Union der Sozialistischen Sowjetrepubliken (USSR)

1923 13. ZWK in Karlsbad. Initiative für eine *Jewish Agency* für Palästina unter Einschluß nichtzionistischer Gruppen. Gründung der *Union der Zio-*

nisten-Revisionisten durch Vladimir (Z.) Jabotinsky, der rechtsstehenden Gegenbewegung zum sozialistischen *Pionierzionismus*. Gründung des orthodoxen *Rabbinical Council of America*.

1924–1932 4. *Alijjah* (Einwanderungswelle) nach Palästina, v. a. aus Polen und Deutschland.

1924 Eröffnung des *Technion* in Haifa, einer für das zionistische Aufbauwerk ungemein wichtigen Hochschuleinrichtung.

1925 *Yidisher visenshaftlikher Institut* (YIVO) zur Erforschung der jiddischen Sprache und Literatur sowie der Geschichte der Juden Osteuropas in Berlin und Wilna gegründet. Restbestände wurden nach 1945 nach New York gebracht, wo das Institut mit der Zeit wieder arbeitsfähig wurde.

1925 Festliche Eröffnung der Hebräischen Universität Jerusalem.

1925 Vladimir Jabotinsky (1880–1940) gründet als Konkurrenz zur liberal-bürgerlich und sozialistisch beherrschten Zionistischen Weltorganisation die Organisation der rechtsextremen *Revisionistischen Zionisten*. Gründung der Vereinigung *B^{e}rît šalôm*, die bis 1940 besteht und die Idee eines binationalen Staates in Palästina vertritt. Hauptrepräsentanten sind Martin Buber und Judah L. Magness.

1925 14. ZWK in Wien. Die starke Einwanderung aus Polen nach Palästina wird mit gemischten Gefühlen registriert, denn die politische Orientierung der Zuwanderer erscheint nicht kalkulierbar. Die Revisionisten lehnen die Pläne für eine *Jewish Agency* mit nichtzionistischer Beteiligung ab.

1925/9 Publikation der deutschen Fassung der *Weltgeschichte des jüdischen Volkes* von Simon Dubnow (1860–1941).

1926 In London wird die *World Union for Progressive Judaism* gegründet.

1927 Beginn einer Kampagne unter dem Slogan *hebräische Arbeit*. Anlaß ist die Beschäftigung arabischer Arbeiter in Zitrusplantagen bei Petach Tikva. Die Folge ist eine zunehmende Entfremdung der beiden Volksgruppen.

1927 Gründung der sozialistischen Kibbutz-Organisation *Ha-qibbûtz ha-me´ûchad* (Der vereinigte Kibbutz).

1927 (11. Juli) Ein Erdbeben in Palästina verursacht schwere Schäden.

1927 15. ZWK in Basel. Chaim Weizmann wird als Präsident wiedergewählt, Henrietta Szold wird als erste Frau Mitglied der zionistischen Exekutive. Hauptthema ist die wirtschaftliche Krise in Palästina und die Abwanderung zahlreicher Arbeitsloser. Die Diskussion um die *Jewish Agency* hält an.

1927/30 Planung und Gründung des jüdisch-autonomen Gebiets Birobidschan in der Sowjetunion. Mangels Interesse unter den Juden Rußlands und infolge der zionistischen Ablehnung verläuft das Projekt im Sand und wird 1948 eingestellt.

1929/30 Arabischer Aufstand in Jerusalem und Massaker an jüdischen Einwohnern in Hebron und in Safed mit insgesamt 119 Opfern. Einsetzung einer Untersuchungskommission (*Shaw-Kommission*).

1929 Erste *Makkabiade*, jeweils im Folgejahr einer Olympiade veranstaltete jüdische Sportwettspiele.

1929 16. ZWK in Zürich. Nahum Sokolow wird zum Präsidenten und zum Vorsitzenden der Exekutive gewählt. Diese wird zur *Jewish Agency* umgestaltet und durch Vertreter nichtzionistischer und philanthropischer Gruppen erweitert, was die Unterstützung vieler palästinisch-jüdischer Einrichtungen absichert. Damit wird auch eine engere Zusammenarbeit zwischen nichtzionistischen und zionistischen Orthodoxen ermöglicht.

1929 (24./25. Okt.) Der Börsenkrach in New York und der Ausbruch der Weltwirtschaftskrise hat schwerwiegende ökonomisch-soziale Folgen und führt zu antisemitischen Reaktionen.

1930 In London wird die zionistische Jugendorganisation *Habonim* gegründet, die weltweit tätig wird.

1930 Durch Vereinigung zweier sozialistisch-zionistischer Arbeiterparteien entsteht in Palästina die sozialdemokratische MAPAI, bis 1968 bzw. 1977 die stärkste politische Kraft im Land.

1931 17. ZWK in Basel. Heftige Kontroversen über die Haltung zur britischen Mandatsregierung. Der britisch orientierte Präsident Chaim Weizmann tritt zurück, und Nahum Sokolow wird zum Präsidenten gewählt, setzt aber zur Enttäuschung der Revisionisten die an Großbritannien orientierte Politik fort.

1931 Unruhen in Palästina. Ein kritischer Bericht der *Shaw-Commission* und entprechende Ergebnisse der Hope-Simpson-Untersuchung über die zionistische Siedlungspolitik beunruhigen die zionistische Führung.

1933–1945 Die 12 Jahre der NS-Herrschaft stürzen das Judenheit in das größte Unheil (*Šô'ah*) ihrer Geschichte. Anfangs handelt es sich vorrangig um Ausgrenzung und Verdrängung der Juden, aber ab 1941/1942 wird die sog. *Endlösung der Judenfrage* angestrebt, die Vernichtung aller Juden in Europa. In Deutschland wird die Lage der im Land verbliebenen Juden alsbald sehr schwierig. Der Rabbiner Leo Baeck bemüht sich, die Gemeinden einigermaßen funktionsfähig zu erhalten, und Martin Buber und Ernst Simon richten zur Festigung des jüdischen Bewußtseins eine jüdische Erwachsenenbildung ein. In Palästina entbrennt angesichts der Ereignisse in Deutschland ein neuer Sprachenstreit. Das Deutsche wird geächtet und verschwindet aus dem öffentlichen Leben.

1933–1945 Franklin D. Roosevelt Präsident der USA. Er erkennt zwar früh die Gefahr, die von Hitlerdeutschland ausgeht, und ist auch für jüdische Anliegen offen, wird aber durch den deutschfreundlichen Kurs der parlamentarischen Mehrheit in seinem Handlungsspielraum begrenzt.

1933 (31. Jan.) Reichspräsident von Hindenburg ernennt Adolf Hitler zum Reichskanzler. Mit Beginn der nationalsozialistischen Machtübernahme und der Gleichschaltung der Institutionen setzen auch judenfeindliche Maßnahmen ein. In der jüdischen Diaspora, v. a. in den USA, kommt es zu scharfen Protesten; diese werden von der NS-Propaganda als jüdische *Kriegserklärungen* an Deutschland und Juden politisch als *Reichsfeinde* dargestellt.

1933–1941 Die *5. `Alijjah* (Einwanderungswelle) führt mehr als 200 000 Einwanderer nach Palästina. Das beunruhigt palästinensische Kreise und die britische Mandatsverwaltung verfolgt zur Verbitterung der Zionisten eine restriktive Einwanderungspolitik.

1933 März Einrichtung der ersten Konzentrationslager in Dachau und Oranienburg.

1933 (4. März) Österreich: Bundeskanzler Engelbert Dollfuß entmachtet das Parlament und führt ein ständestaatlich-autoritäres Regime ein, das sich außenpolitisch auf das faschistische Italien stützt. Die Rechte der jüdischen Minderheit bleiben aber gewahrt, und jüdische Flüchtlinge aus dem Deutschen Reich finden wie in der Tschechoslowakei vergleichsweise leicht Asyl.

1933 (April–Aug.) *Ha'avarah*-Abkommen (Transferabkommen). Der sozialistisch-zionistische Politiker Chajjim Arlosoroff (geb. 1899 in Deutschland, ermordet in Tel Aviv 1933) handelt mit dem Reichswirtschaftsministerium ein Abkommen aus, aufgrund dessen nach Palästina auswandernde Juden für eine Gebühr von RM 1000,00 ihr Vermögen bei einer Transfer-Bank in Deutschland einzahlen dürfen, die diese Mittel Importeuren in Palästina zur Einfuhr deutscher Produkte zur Verfügung stellt. Die Erträge werden von den Importeuren einer Bank in Palästina zugeführt, die sie nach Abzug der Spesen an die Eingewanderten auszahlt. Der Kriegsbeginn stoppt den Transfer, doch das Abkommen bleibt bis 1941 in Geltung. Zwischen 1933 und 1939 wandern auf diese Weise 50 000 Juden mit ca. 140 Millionen RM an Vermögenswerten nach Palästina aus. Für jüdische Auswanderer in andere Länder gelten weit schlechtere Bedingungen.

1933 (10. Mai) Demagogisch organisierte Bücherverbrennungsaktionen in deutschen Städten.

1933 (Sept.) Einrichtung der Reichskulturkammer und Ausschluß der Juden aus dem Kulturleben in Deutschland.

1933 Gründung der *Reichsvertretung der deutschen Juden,* einer Dachorganisation der jüdischen Verbände unter dem Vorsitz des Reformrabbiners Leo Baeck. 1939 wird sie zur Umbenennung in *Reichsvereinigung der Juden in Deutschland* gezwungen, zur Organisation der nationalsozialistischen Judenpolitik mißbraucht und 1943 aufgelöst.

1933 Beginn der *Jugend-'Alijjah.* Sie brachte bis 1938 ca. 5000 Kinder und Jugendliche (v. a. aus Deutschland) und ca. 15 000 nach Kriegsende nach Palästina.

1933 18. ZWK in Prag. Die Arbeiterparteien stellen erstmals mehr Delegierte als die Allgemeinen Zionisten. Hauptthema sind die Ereignisse in Deutschland und die Inflation in Palästina.

1934 Im Februar wird in Österreich ein sozialistischer Aufstandsversuch zur Wiederherstellung der parlamentarischen Demokratie durch Regierungstruppen niedergeschlagen und damit das innenpolitische Klima zutiefst vergiftet. Die *austromarxistische* Führung setzt sich großteils ins Ausland ab, was Ressentiments in der Parteibasis und bei politisch Verfolgten nach sich zieht.

1934 (Juli) Ein nationalsozialistischer Umsturzversuch in Österreich scheitert, doch wird Bundeskanzler Dollfuß in Wien ermordet. Sein Nachfolger Kurt Schuschnigg setzt den politischen Kurs seines Vorgängers fort. Der «Ständestaat» verfolgt nun aktive Nationalsozialisten, Sozialisten und Kommunisten.

1934 Tod des hebräischen Dichters Chajjim Nachman Bialik (geb. 1873; seit 1924 in Palästina), der vom zionistischen Judentum als Nationaldichter gefeiert wird.

1934 ff. Der ersten großen stalinistischen Säuberungswelle in der USSR fallen auch zahlreiche Personen jüdischer Herkunft zum Opfer.

1934/35 Der zuerst orthodoxe, dann konservative Rabbiner Mordecai M. Kaplan (1881 Litauen – 1983 USA), seit 1900 in den USA, publiziert *Judaism as a Civilization* und leitet damit (1935) die Gründung des *Reconstructionism* ein. Zunächst als konfessionell nicht gebundene Bewegung zur stärkeren ethnisch-kulturellen Profilierung der durch Assimilation gefährdeten Judenheit in den USA angelegt, bildet die Bewegung allmählich Sondergemeinden.

1934/36 Die *Nürnberger Gesetze* schaffen die rechtlichen Grundlagen für die Verdrängung der Juden aus fast allen Bereichen des öffentlichen Lebens und für die von vornherein mehr oder minder feststehende Ausrottung der *Zigeuner* (Sinti und Roma). Zwangsweise Gründung gesonderter jüdischer Kulturvereine.

1935–1936 Umfangreiche «Säuberungen» in der Sowjetunion zur Beseitigung des *Trotzkismus*.

1935 Die SA verschärft Boykott-Aktionen gegen Juden in Deutschland.

1935 Gründung des *Qibbûtz ha-datî* (Der religiöse Kibbutz) der Kibbutzorganisation der zionistischen Orthodoxie.

1935 19. ZWK in Luzern. Arbeiterparteien und Allgemeine Zionisten einigen sich, Chaim Weizmann wird erneut (bis 1946) zum Präsidenten gewählt. Hauptthema ist die Auswanderung der Juden aus Deutschland. Die revisionistischen Zionisten unter Vladimir Jabotinsky trennen sich von der Zionistischen Weltbewegung und gründen die *Neue Zionistische Organisation*. David Ben Gurion wird (bis 1948) Vorsitzender der *Jewish Agency* und bestimmt maßgeblich die weitere Politik.

1935 Im Jahr 1935 wandern 65 000 Juden in Palästina ein. Gründung der linkssozialistischen Kibbutz-Organisation *Ha-qibbûtz ha-'artzî.*

1935 (Juli) Gründung der *Freeland Movement. A Leage for Territorial Organisation* in London. Ziel ist es, für bedrängte Juden Zufluchtgebiete außerhalb Palästinas zu finden.

1936–1940 Unter den Palästinensern erregt die starke Zuwanderung und der kontinuierliche Verlust an Grund und Boden Unmut und es kommt zu heftigen Gewaltausbrüchen. Im Jahr 1936 werden 44, 1937 10, 1938 94, 1939 26 und 1940 gar 137 jüdische Opfer gezählt.

1936 (Aug.) Gründung des *World Jewish Congress* (WJC) zur Koordinierung von Aktivitäten zur Wahrnehmung jüdischer Interessen.

1936 (Aug.) Olympiade in Berlin und – mit Blick auf Reaktionen im Ausland – vorübergehende Lockerung der judenfeindlichen Vorschriften.

1936 (25. Okt.) Vertrag zwischen Deutschland und Italien. Berlin anerkennt die Annexion Abessiniens durch Italien. Beschluß zur Zusammenarbeit zugunsten von General Franco im spanischen Bürgerkrieg. Abgrenzung der Interessensphären auf dem Balkan. Hitler gibt Südtirol preis, und Österreich verliert seinen einzigen außenpolitischen Verbündeten gegen Deutschland.

1936 Gründung des philharmonischen Orchesters in Tel Aviv, später *Israel Philharmonic Orchestra.*

1936 (Juli) Einrichtung des KZ Sachsenhausen.

1937 Die *Peel-Kommission* stellt einen Teilungsplan für Palästina zur Diskussion, der von arabischer Seite abgelehnt wird. Für die jüdische Seite wäre eine Teilung zu der Zeit zwar noch zu nachteilig, doch sichert man eine Prüfung des Vorschlags zu. Gleichzeitig wird eine Welle provisorischer Siedlungsgründungen zur Schaffung vollendeter Tatsachen in Gang gesetzt.

1937 *Columbus-Platform* des amerikanischen Reformjudentums. Eine revidierte, mehr an der Tradition orientierte Fassung der Grundsätze, die in der *Pittsburgh-Platform* von 1885 niedergelegt worden waren, mit einer neutralen bis sympathisierenden Haltung zum Zionismus.

1937 Gründung der rechtsextremistisch-jüdischen Terrororganisation

ETZEL = *Irgûn tz^{e}ba'î l^{e}'ûmmî* (Militärisch-nationale Organisation) in Palästina.

1937 20. ZWK in Zürich. Ein Hauptthema sind die arabischen Unruhen in Palästina und die Empfehlungen der *Peel-Commission*. David Ben Gurion verhindert eine direkte Ablehnung des Teilungsplanes.

1937 (Juli) Einrichtung des KZ Buchenwald.

1937 (Dez.) In Rumänien kommt die antisemitische *Nationalchristliche Partei* an die Regierung.

1938 (11.–13. März) Zur Verhinderung einer anberaumten Volksabstimmung rücken nach Ablauf eines Ultimatums deutsche Truppen in Österreich ein. Der von illegalen Nationalsozialisten in Österreich gut vorbereitete *Anschluß* am 13. März führt zur sofortigen Verhaftung von ca. 90 000 Personen. Adolf Eichmann wird beauftragt, mit der *Zentralstelle für jüdische Auswanderung* die *Judenfrage* rasch zu lösen. Etwa 60 000 Juden werden in KZs deportiert, das Vermögen der Juden und der jüdischen Einrichtungen wird im Eiltempo *arisiert* (und nach 1945 nur zögerlich zurückerstattet bzw. vergütet). Im folgenden Monat stellt die *Sudetendeutsche Partei* des NS-Sympathisanten Konrad Henlein die Forderung nach einer Autonomie des Sudetenlandes und es kommt zur sogenannten Sudetenkrise.

1938 (Juli) Internationale Flüchtlingskonferenz in Evian, einberufen durch US-Präsident Roosevelt. Die Vertreter der 32 Teilnehmerstaaten verweigern mit Ausnahme Kolumbiens eine Erhöhung der Aufnahmequoten für jüdische Flüchtlinge aus Deutschland und die Zionistische Weltorganisation besteht auf der ausschließlichen Auswanderung nach Palästina.

1938 (Aug.) Einrichtung des KZ Mauthausen.

1938 (29./30. Sept.) *Münchner Abkommen* durch Vermittlung Mussolinis: Das Sudetenland fällt an Deutschland und wird am 1. Okt. annektiert, Teile der Slowakei werden später von Ungarn besetzt.

1938 (8. Okt.) Juden wird in ihren deutschen Reisepaß ein «J» eingestempelt.

1938 (28./29. Okt.) Versuch der Abschiebung polnischer Juden aus Deutschland; Polen verwehrt den Grenzübertritt.

1938 In London wird die *International Jewish Colonization Society* als Alternative zu der auf Palästina fixierten zionistischen Bewegung gegründet. Einige Siedlungsprojekte in Südamerika werden realisiert.

1938 (7.–10. Nov.) Der 17-jährige Herschel Grynszpan verletzt den deutschen Botschaftssekretär Ernst vom Rath in Paris tödlich. Die NS-Führung nutzt dies zu einer reichsweiten antijüdischen Aktion am 9./10. Nov., der sog. «Reichskristallnacht», mit Zerstörung von über 250 Synagogen im Reichsgebiet und mit gewalttätigen Ausschreitungen gegen Juden.

1938 (12./15. Nov.) Verordnungen Hermann Görings über eine kollektive Sühneleistung (von 1 Mrd. RM) der Juden für den Mord an Ernst vom Rath und zu ihrer Ausschaltung aus Wirtschaft und Gesellschaft. Unmittelbar darauf folgen entsprechende Anordnungen des Präsidenten der Reichskulturkammer Joseph Goebbels und eine Polizeiverordnung über das Auftreten von Juden in der Öffentlichkeit. Am 15. Nov. wird der Ausschluß jüdischer Kinder aus öffentlichen Schulen verfügt.

1938/9 Weitgehende *Arisierung* jüdischen Eigentums.

1939–1958 Eugenio Pacelli als Papst Pius XII. Der neue Papst war zuvor päpstlicher Nuntius in Berlin, scharf antikommunistisch eingestellt und sah zunächst im Nationalsozialismus das kleinere Übel. Er erkannte zwar die verbrecherische Natur der NS-Herrschaft, vermied aber aus Rücksicht auf eine eventuell noch heftigere Kirchenverfolgung die offene Konfrontation mit dem Regime.

1939 (13./15. März) Deutsche Truppen besetzen nach der am 14. März in Berlin verkündeten Unabhängigkeitserklärung der Slowakei den tschechischen Teil der Republik. Im sog. *Protektorat Böhmen und Mähren* werden die ca. 92 000 dort lebenden Juden ab Juni 1939 durch das Büro Adolf Eichmanns in Prag systematisch aus der Gesellschaft ausgesondert und für eine angebliche Auswanderung in Lagern interniert. Etwa 30 000 können fliehen, bevor im Herbst 1941 die Deportationen in die Vernichtungslager in Polen einsetzen. Nach 1945 gibt es im Staatsgebiet der wiedererstandenen Tschechoslowakischen Republik noch knapp 45 000 Juden, von denen die meisten auswandern.

1939 (Mai) Einrichtung des KZ Ravensbrück.

1939 (17. Mai) Nach Vorarbeiten der *Woodhead-Kommission* publiziert die britische Regierung das *MacDonald-Weißbuch*. Die Aufteilung des

Mandatsgebiets Palästina auf einen jüdischen und einen arabischen Staat wird verworfen. Aus Rücksicht auf die Kriegssituation und auf die nötige Unterstützung durch arabische Länder wird die jüdische Einwanderung eingeschränkt.

1939 (Mai) Ein Schiff mit 930 jüdischen Auswanderern aus Deutschland erhält weder von Kuba, noch von den USA oder anderen Staaten eine Anlegeerlaubnis.

1939 (23. Aug.) Abschluß des Hitler-Stalin-Paktes mit einem geheimen Zusatzprotokoll über eine Teilung Polens und die Abgrenzung der Interessengebiete im Baltikum. Deutschland erhebt daraufhin Forderungen an Polen.

1939 21. ZWK in Genf. Angesichts der Situation bleiben die amtierenden Funktionäre im Amt. Der ZWK befaßt sich mit dem *Weißbuch* vom Mai und verurteilt die britische Politik.

1939 (1. Sept.–6. Okt.) Einmarsch und rascher Sieg deutscher Truppen in Polen. Etwa 100 000 polnische Juden dienten in der polnischen Armee. Ein Rest-Polen wird *Generalgouvernement*.

1939 (3. Sept.) Großbritannien und Frankreich erklären dem Deutschen Reich den Krieg.

1939 (Sept.) In Polen beginnt die Konzentration der Juden in Ghettos mit jüdischer Selbstverwaltung.

1939 (17. Sept.) Truppen der USSR besetzen im Sinne des Hitler-Stalin-Paktes Ostpolen. Am 29. Sept. einigen sich Deutschland und die USSR über die Aufteilung des Landes. Ca. 1,9 von 3,8 Mio. Juden Polens geraten unter Sowjetkontrolle.

1939 (23. Nov.) Verpflichtung zum Tragen des gelben «Judensterns» in Polen.

1939 Gründung des *United Jewish Appeal* in den USA zur Koordinierung der verschiedenen jüdischen philanthropischen Institutionen und Vereine.

1939 Die jüdische Weltbevölkerung wird für 1939 auf ca. 16,7 Millionen geschätzt. Unsicher sind die Zahlen für manche Staaten Südamerikas, für die USSR und die islamische Welt. Osteuropa 8,170 Millionen; USA 4,975 Millionen; Nordafrika 540 000; Deutschland (1933) 504000; Palästina 475 000; England 300 000; Argentinien 280 000; Frankreich 260 000; Holland 112 000; Südafrika 90 000; Italien 35 000.

1940 Britische Maßnahmen gegen die *Haganah* und Verhaftung von über 40 Mitgliedern. Die Mandatsregierung beschränkt erstmalig den Landkauf. Es kommt in der Folge bei anti-britischen Aktionen des öfteren zu einer – offiziell nicht gebilligten – Zusammenarbeit zwischen der *Haganah* und den radikalen Untergrundorganisationen *ETZEL* und *LECHI*.

1940 (Febr.) Einrichtung des Ghetto Lódż als Sammelstelle für deportierte Juden (mit zeitweilig 230 000 Insassen.).

1940 In der Slowakei wird unter SS-Anleitung mit der Arisierung jüdischen Besitzes und 1941 auch mit der Deportation der Juden begonnen. Verschont blieben zu der Zeit nur die Juden in den an Ungarn abgetretenen Gebieten. Trotz Einspruchs des Vatikans wurden die Maßnahmen weitergeführt. An der Revolte im Frühjahr 1944 beteiligten sich auch Juden und entrichteten einen hohen Blutzoll, und so blieben von den ca. 130 000 slowakischen Juden nach 1945 nur etwa 31 000 übrig, von denen der Großteil nach Israel auswanderte.

1940 (April–Juni) Deutsche Truppen besetzen Dänemark und Norwegen.

1940 (10. Mai–22. Juni) Westfeldzug. Deutsche Truppen überrennen Holland (15. Mai) und Belgien (28. Mai) und siegen in Frankreich. Im nicht besetzten südöstlichen Teil Frankreichs installiert Marschall Petain in Vichy eine Vasallenregierung.

1940 (Juni–Aug.) Die baltischen Staaten werden von der USSR annektiert.

1940 (Mai/Juni) Beginn der ersten Bauphase des KZ Auschwitz. Für die Zeit bis zum >17. Jan. 1945 sind für die Lager-Ausbauphasen I-III u. a. auch die meisten registrierten jüdischen Opfer festzustellen, die Schätzungen für die nicht registrierten Opfer (v. a. ungarische Juden) differieren. Als Gesamtzahl der jüdischen Opfer wird oft 1 100 000 angegeben.

1940 (10. Juni) Italien tritt an der Seite Deutschlands in den Krieg ein, scheitert aber mit seiner Afrika-Offensive und wird ab Febr. 1941 durch das deutsche Afrika-Korps unter General Rommel unterstützt. Man hofft, durch eine Zangenbewegung über Libyen und von Syrien/Irak her den Suezkanal unter Kontrolle zu bringen.

1940 (Aug.) Adolf Eichmann schlägt Madagaskar als Zielort für jüdische Auswanderung vor.

1940 (Aug.) Rumänien ergreift judenfeindliche Maßnahmen nach NS-Vorbild.

1940 Palästina: Eine radikalere Gruppe innerhalb des ETZEL gründet die Terrororganisation LECHI = *Loch*^{a}*mê cherût Jiśra'el* (Kämpfer der Freiheit Israels). Sie verübt unter der Leitung eines Triumvirats (darunter Yitzchak Shamir) zahlreiche Terrorakte und Mordanschläge. So 1944 gegen den britischen Kolonialminister in Kairo und 1948 gegen den schwedischen UN-Vermittler Graf Bernadotte.

1940 (Okt.) Beginn judenfeindlicher Maßnahmen der Vichy-Regierung in Frankreich.

1940 (Okt.) In Warschau wird das jüdische Viertel als Ghetto ummauert und der Selbstverwaltung des *Judenrates* unterstellt. Versorgungslage und hygienische Bedingungen sind katastrophal.

1940 (Herbst) Die britische Regierung chartert das Schiff *Patria*, um aus Palästina 1770 illegale jüdische Immigranten zu deportieren. Ein jüdisches Untergrundkommando will das Schiff im Hafen von Haifa vor der Abfahrt seeuntüchtig machen, die Sprengladung ist aber zu stark, das Schiff sinkt minutenschnell und reißt 202 Passagiere und 50 Mann der Besatzung in den Tod.

1940 (12.–13. Nov.) Außenminister Molotow zu Besuch in Berlin. Die Sowjetunion gibt am 25. Nov. ihre Bedingungen für den Eintritt in den Dreimächtepakt vom 27. Sept. bekannt. Am 1.3.1941 tritt Bulgarien dem Bündnis bei.

1941–1947 *`Alijjah Bet*, die organisierte illegale Einwanderung nach Palästina. Abgefangene Transporte werden von den Briten auf Zypern interniert.

1941 Das ungarische Horthy-Regime übernimmt nationalsozialistische Judengesetze.

1941 Die Selbstverteidigungsorganisation *Haganah* wird um die vormilitärische Jugendorganisation *Gadna* und durch den *Palmach* (Elite-Einsatzkommandos) erweitert. Die Palmach-Einheiten werden v. a. von linkssozialistisch orientierten Offizieren kommandiert.

1941 (Jan.) Bei Ausschreitungen in Rumänien kommen fast 2000 Juden ums Leben.

1941 (1. Febr.) Gründung des *Institute of Jewish Affairs* in Verbindung mit dem *World Jewish Congress.*

1941 (1. März) Himmler befiehlt in Auschwitz den weiteren Ausbau des KZ Auschwitz – Birkenau.

1941 (2. März) Deutsche Truppen besetzen Bulgarien.

1941 (9.–14. März) Scheitern einer italienischen Offensive in Albanien/ Griechenland.

1941 (6.–17. April) Deutscher Feldzug gegen Jugoslawien mit Beteiligung bulgarischer, ungarischer und italienischer Kräfte. Bis 27. April wird Griechenland erobert, bis 11. Mai auch die Ägäis. Die britischen Truppen ziehen sich nach Kreta zurück.

1941 (April) Nach einem pro-deutschen Staatsstreich am 3. April wird der Irak im Juni 1941 von britischen Truppen besetzt.

1941 (9. Juni) Britische und französische Truppen besetzen Syrien, das bisher als Mandatsgebiet Frankreichs der Vichy-Regierung unterstand.

1941 (22. Juni) Deutsche Truppen greifen die Sowjetunion an.

1941 (29.–30. Juni) Bei rumänischen Ausschreitungen in Jassy werden bis zu 10 000 Juden getötet.

1941 (Ende Juni) Massenerschießungen von Babij Jar bei Kiew (fast 33 800 Opfer).

1941 (Ende Juni) In Kowno sterben ca. 3888 Juden bei Angriffen durch Litauer.

1941 (Juli) Einrichtung der Ghettos Minsk, Zhitomir und Witebsk (Herbst 1941). Einrichtung des *Kriegsgefangenenlagers der Waffen-SS* in Majdan Tatarski/Lublin. Ab Febr. 1943 *KZ Lublin*, meist KZ Majdanek genannt, ein Vernichtungslager mit überdurchschnittlich hoher Todesrate, wo bis Juli 1944 in (erhalten gebliebenen) Gaskammern vor allem Juden ermordet worden sind.

1941 (Juli) Einrichtung des «Muster-Ghetto» Theresienstadt bei Prag.

1941 (31. Juli) Anweisung Hermann Görings an Heydrich zu Vorbereitungen für die sog. *Endlösung der Judenfrage.*

1941 (Juli/Nov.) Einrichtung der Ghettos Białystok und Lemberg (Lwòw). Deportation rumänischer Juden.

1941 (Sept.) Nach dem Einmarsch britischer und sowjetischer Truppen dankt der Schah von Persien ab; Nachfolger wird sein Sohn Mohammed Reza Pahlevi.

1941 (Sept./Okt.) Einrichtung des Ghettos Wilna. Massenerschießungen von Juden bei Kamenetz-Podolsk und bei Odessa.

1941 (7./11. Dez.) Japanischer Angriff auf den US-Flottenstützpunkt Pearl Harbour. In Abstimmung mit Japan erklärt Deutschland am 11. Dez. den USA den Krieg. Die Kriegserklärung bewirkte einen ersten Schritt zur Identifizierung jüdischer und US-amerikanischer Interessen.

1942 (20. Jan.) Auf der sog. *Wannsee-Konferenz* werden die Grundlinien für die *Endlösung der Judenfrage* festgelegt. Reinhard Heydrich (Chef des Reichssicherheitshauptamtes) informiert die 13 Teilnehmer unter strenger Geheimhaltungsauflage über den von Adolf Hitler und Herrmann Göring im Frühjahr 1941 gefaßten und mitgeteilten Entschluß, das *Judenproblem endgültig zu lösen*, einschließlich des *Problems* der in Mischehen lebenden Juden und der sogenannten *Mischlinge*. Die Teilnehmer vertraten: die NSDAP-Parteizentrale, die Reichskanzlei, das Reichssicherheitshauptamt, das Justizministerium, das Auswärtige Amt, das Innenministerium, das Ministerium für die besetzten Ostgebiete, die SS-Sicherheitsbehörden für das Generalgouvernement (Polen) und für Lettland, das Rasse- und Siedlungshauptamt, und den Beauftragten für den Vierjahresplan. Nachdem trotz Massenerschießungen und Vergasungen die angestrebten Ziele nicht zu erreichen waren, werden nun trotz der schwierigen Kriegslage Judendeportationen und Transporte in Sammel- und Vernichtungslager durchgeführt, wo innerhalb von 2–3 Jahren durch Zwangsarbeit und direkten Massenmord der größte Teil der europäischen Judenheit vernichtet wird.

1942 (März) Einrichtung des Vernichtungslagers Belżyce.

1942 (Mai) *Biltmore Programm* der ZWO. Die dramatischen Ereignisse in

Europa bewirken eine weitreichende Neuorientierung innerhalb der zionistischen Richtungen und die Forderung nach einer Staatsgründung. Die Dringlichkeit der Lage führt weithin zu Positionen, die denen der Revisionisten nahekommen. Kern des Programms ist allerdings, daß in Palästina ein jüdisches Gemeinwesen («commonwealth») im Rahmen der demokratischen Welt aufgebaut wird.

1942 (Frühjahr) Die bisherige Vergasungstechnik durch Kohlenmonoxyd wird von nun an durch die Verwendung des wirksameren Zyanidgiftes Zyklon B (ein Schädlingsbekämpfungsmittel) vereinfacht und in Vernichtungslagern zur Massentötung v. a. von Juden eingesetzt.

1942 (Mai) In Polen wird das Vernichtungslagers Sobibór eingerichtet.

1942 (6.–7. Juni) Der *World Jewish Congress* verlangt Beteiligung an kommenden Friedensverhandlungen.

1942 (Juli) Judendeportationen aus Belgien und Holland. Eintreffen der ersten Transporte im Vernichtungslager Treblinka und Beginn der Deportationen aus dem Ghetto Warschau. Der Repräsentant des WJC in der Schweiz erhält Informationen über die anlaufende Vernichtungspolitik, doch werden sie meist nicht beachtet.

1942 (16.–17. Juli) Festnahme von fast 13 000 Pariser Juden und Internierung im Lager Drancy, von wo aus ca. 75 000 französische Juden in die Vernichtungslager weitertransportiert werden.

1942 (Aug.) Deportation der Juden in Kroatien.

1942 (Ende Aug.) Festnahme von Juden im nicht besetzten Frankreich.

1942 Antizionistische Reformrabbiner gründen in den USA das *American Council of Judaism.*

1942 (23. Okt.) Der Sieg der britischen Truppen bei El-Alamein stoppt den deutschen Vormarsch und führt zum Rückzug der deutschen Truppen. Am 8. Nov. landen zudem alliierte Truppen in Algerien.

1942 (25. Okt.) Judendeportationen aus Norwegen.

1943 (Febr.) Rumänien will 70 000 Juden nach Palästina auswandern lassen, doch die britische Regierung geht nicht darauf ein.

1943 (März) Beginn der bis August andauernden Deportationen von Juden aus Griechenland.

1943 (19. April) Die *Bermuda Conference* erörtert ohne konkreten Erfolg das Problem der jüdischen Flüchtlinge.

1943 (19. April) Aufstand im Ghetto Warschau. SS-Einheiten vernichten nach erbitterten Kämpfen bis 16. Mai das gesamte Viertel. Von 56065 Gefangenen werden ca. 7000 am Ort erschossen, die anderen kommen nach Treblinka, nur wenige entrinnen. Nach dem Krieg, als sich manche Juden durch die Wehrlosigkeit der NS-Opfer irritiert fühlten, erhielten die Ghettokämpfer v. a. im Staat Israel als Heroen jüdischen Selbstverteidigungswillens eine für das neue jüdische Selbstbewußtsein wichtige Vorbildfunktion.

1943 (1. Mai) Jüdische Demonstration in New York zur Mobilisierung der Öffentlichkeit wegen des Geschicks der Juden in Europa.

1943 (13. Mai) Kapitulation der deutschen und italienischen Truppen in Nordafrika.

1943 (9. Juli) Landung alliierter Truppen in Sizilien.

1943 (Okt.) Deportation von Juden aus Rom. Papst Pius XII. gibt Anweisung, die Klöster für Bedrohte zu öffnen.

1943 (Okt.) Angehörige des dänischen Widerstandes werden durch Georg Duckwitz (1904–1973) von der deutschen Botschaft heimlich über die bevorstehende Deportation der Juden informiert und bringen über 7200 nach Schweden in Sicherheit. Die Aktion gelang dank der Solidarität und beispielhaften Zivilcourage der Bevölkerung.

1943 (3./4. Nov.) Nach Gefangenenaufständen in einigen KZs werden im KZ Lublin/Majdanek in der *Aktion Erntefest* 16–18 000 Juden erschossen.

1943 Menahem Begin (1913–1992) übernimmt die Führung der rechtsextremen Untergrundorganisation ETZEL.

1944 (19. März) Deutsche Besetzung Ungarns mit folgender Deportation und Ermordung von ca. 300 000 ungarischen Juden in Auschwitz. Im März 1944 handelt Joel Brand in Istanbul einen Austausch von Häftlingen gegen Lastwagen aus, was durch britisches Eingreifen nicht zustande kommt. Im Juni/Juli erreicht R. Kasztner (Rechtsanwalt und zionistischer Funktionär), daß ein Zug mit 1684 Juden in die Schweiz fährt. Der Zug kommt aber im KZ Bergen-Belsen an und nur ein Teil des Transportes gelangt in die Schweiz. Kasztner wird später (>1954) vorgeworfen, zu eng kollaboriert zu haben. Viele ungarische Juden konnten dank des Engagements Raoul Wallenbergs durch die Botschaft Schwedens und durch Botschaften anderer neutraler Länder gerettet werden.

1944 (6. Juni) Landung alliierter Truppen in der Normandie.

1944 (24. Juni) Gründung des *War Refugee Board* in den USA.

1944 (Sept.) Aufstellung der *Jewish Brigade Group* aus jüdischen Freiwilligen aus Palästina innerhalb der britischen Armee (ca. 5000 Mann). In Ägypten, Nordafrika und in Italien im Einsatz. Im Sommer wird sie 1946 aufgelöst, danach weitgehend von der *Haganah* absorbiert.

1944 (Nov.) Reichsführer-SS Heinrich Himmler befiehlt die Einstellung der Vergasungen in Auschwitz und die Zerstörung der Vernichtungsanlagen.

1944 (8. Nov.) Todesmarsch von 25 000 ungarischen Juden und ein weiterer von 50 000 in Richtung KZ Mauthausen. Am 6. Jan. 1945 erobert die Rote Armee Budapest und befreit dort 80 000 Juden.

1944 (26.–30. Nov.) *World Jewish Congress* in Atlantic City. Gründung des *War Emergence Committee*. Erörterung der bevorstehenden Auswanderungen sowie der Vermögens- und Reparationsansprüche.

1945 (17. Jan.) Räumung der KZ-Anlagen Auschwitz-Birkenau; ca. 61 000 Häftlinge werden auf Todesmärschen in Richtung Westen getrieben, ca. 5000 marschunfähige Häftlinge werden am 27. Jan. von der Roten Armee vorgefunden und befreit.

1945 (23. März) Gründung der Arabischen Liga.

1945 (12. April)–1953 Harry S. Truman Präsident der USA.

1945 (8. Mai) Selbstmord Adolf Hitlers (30. April) und Ende des II. Weltkrieges. Beginn einer schwierigen Sammlung und Sichtung der Überlebenden der NS-Herrschaft, die als «displaced persons» weiter in Lagern leben müssen. Angehörige der *Jewish Brigade* suchen und liquidieren Angehörige der SS und NS-Parteigrößen.

1945 (6./9. Aug.) US-Atombombenabwurf auf Hiroshima und (9. Aug.) US-Atombombenabwurf auf Nagasaki. Innerhalb von Minuten sterben ca. 180 000 Menschen, mindestens ebenso viele an Folgeschäden.

1945 (21. Dez.) Pariser Konferenz der Alliierten über Reparationsforderungen (ohne jüdische Beteiligung und ohne Erwähnung der Juden!).

1945–1947 Anwachsender jüdischer Widerstand und Terror gegen die britische Mandatsmacht und gegen Palästinenser, ausgeübt durch ETZEL und LECHI.

1946 (Juli) Die britische Mandatsregierung läßt zahlreiche zionistische Funktionäre verhaften. Am 22. Juli läßt M. Begin (ETZEL) einen Flügel des King David Hotels sprengen; dem Anschlag fallen 90 Personen zum Opfer.

1946 Der *Morrison-Grady Report* empfiehlt eine Aufteilung Palästinas in vier Bezirke und eine jüdisch-arabische Konferenz in London.

1946 23. ZWK in Basel. Der Kongreß behandelt die Folgen der NS-Herrschaft. Präsident Weizmann beantragt die Anerkennung des *Biltmore-Programms* von 1942 als zionistisch-politische Arbeitsgrundlage.

1947/48 Die ausbrechenden Unruhen in Palästina fordern in den beiden Jahren ca. 560 jüdische Opfer.

1947 (30./31. Jan.) Truppen der 1. Palmach-Einheit und der Karmeli-Brigade überfallen nachts Baldat al-Shaikh mit Handgranaten und Schußwaffen und töten ca. 60 Personen inklusive Frauen und Kinder in ihren Häusern.

1947 (April) Eine UN-Kommission untersucht den Palästinakonflikt und befürwortet eine Teilung (Plan des schwedischen Grafen Bernadotte) nach dem Auslaufen des britischen Mandats für Palästina am 15.05.1948.

1947 (11.–22. Juli) *Exodus*-Tragödie. Ein Schiff mit *Shoah*-Entronnenen läuft von Frankreich nach Palästina aus, wird von der britischen Marine vor der Küste aufgebracht und erreicht am 22. Aug. Hamburg, von wo die Passagiere in ein Lager bei Lübeck transportiert werden.

1947 (29. Nov.) Resolution der UNO-Vollversammlung über den Beschluß einer Teilung Palästinas in einen jüdischen und einen nichtjüdischen Staat. Da noch unklar ist, ob sich ein jüdischer Staat an der Sowjetunion oder an den Westmächten orientieren wird, rivalisieren die weltpolitischen Kontrahenten schon im Vorfeld um seine Gunst. Die *Zionistische Weltorganisation* und die *Jewish Agency* nehmen den Teilungsplan im Unterschied zu den arabischen Staaten formal an. Da er aber eine sehr komplizierte Gebietsstruktur voraussetzt (der jüdische Anteil am Grund und Boden Palästinas beträgt noch keine 7 %), wird eine günstigere Lösung angepeilt.

1948 (März) Ben Gurion setzt die Gründung eines *Volksrates* (*Mô`ätzät ha-`am*) mit 39 Mitgliedern und am 12. April die Bildung eines Regierungsteams durch. Es wird beschlossen, im weiteren Konfliktverlauf nach einem *Plan Dalet* (D, IV) offensiv zu verfahren, um bestimmte territoriale Positionen zu erreichen. Die *Haganah* erhält Waffenlieferungen aus der Tschechoslowakei.

1948 (3. April) Die *Haganah* greift an und eröffnet die *Operation Nachshon* in Jerusalem, in Tiberias, bei Haifa, Safed und Jaffa.

1948 (4. April) Scheitern einer arabischen Offensive bei *Mishmar ha-`Emeq*.

1948 (6.–12. April) Resolution des *Zionist General Council* zugunsten einer Staatsgründung bei Mandatsende.

1948 (9. April) ETZEL- und LECHI-Angehörige greifen das Dorf *Deir Yassin* bei Jerusalem an und töten nach palästinensischen Angaben ca. 120 Personen, v. a. Frauen und Kinder, laut *LECHI* und *ETZEL* (New York Times vom 13. April) gar 250 (angeblich arabische Kombattanten). Der Rest wurde vertrieben oder nach Jerusalem verschleppt. Die Aktion löste im ganzen Land eine arabische Massenflucht und Vergeltungsaktionen aus.

1948 (11.–14. April) Safed/Zefat in Galiläa und Jaffa bei Tel Aviv werden erobert.

1948 (13. April) In Jerusalem sterben bei einem arabischen Vergeltungsangriff für *Deir Yassin* auf einen Konvoi mit dem Ablösepersonal für das Krankenhaus auf dem Skopusberg 78 Personen vom Pflegepersonal und 5 vom Begleitschutz.

1948 (18.–20. April) Tiberias und Haifa werden erobert.

1948 Erste Textpublikationen über Schriftrollen aus Höhlen bei Khirbet Qumran (damals jordanisch kontrolliert), wo in den folgenden Jahren Fragmente von ca. 800 Schriftrollen gefunden werden, darunter ca. 200 biblische. Der Staat Israel kaufte die Funde im Lauf der Jahre auf und errichtete dafür im Israel-Museum in Jerusalem den *Schrein des Buches*. Im Sechstagekrieg (Juni 1967) geraten auch die im jordanischen Teil Jerusalems (im Rockefeller-Museum) befindlichen Textfragmente in israelische Hand.

1948 [5708] (14. Mai) Gründung des Staates Israel
David Ben Gurion ruft in Tel Aviv die Gründung des *Staates Israel* aus. Die Bevölkerungszahl Palästinas beträgt zu der Zeit 879 000, davon 120 000 Nichtjuden.
Der Staat Israel wird als *jüdischer Staat* definiert, aber als Demokratie nach westlichem Vorbild organisiert. Das Rechtssystem steht daher von Beginn an in Spannung zum traditionellen jüdischen Recht. Wegen des reinen Verhältniswahlrechts kommt jedoch ohne religiöse Koalitionspartner keine Regierungsmehrheit zustande, und daher wurde neben dem staatlichen Rechtswesen auch das rabbinische anerkannt und diesem das Personenstandsrecht unterworfen. Für den öffentlichen Bereich setzt die Orthodoxie die Beachtung der rituellen Speisevorschriften und die Einhaltung der Sabbat-Arbeitsruhe durch. Auch das Militärrabbinat wird orthodoxes Monopol.

1948 (14./15. Mai)–1949 (20. Juli) Unabhängigkeitskrieg Israels. Arabische Staaten entsenden Truppen nach Palästina, werden aber bald zurückgeschlagen und Israel kontrolliert ein einigermaßen geschlossenes Gebiet. Die *Arabische Legion* Jordaniens erobert allerdings die sog. *Westbank* und hält Jerusalems Altstadt.
Der Großteil der nichtjüdischen Bevölkerung flieht während der Kampfhandlungen und in den Nachbarländern entstehen Flüchtlingslager. Deren Insassen warten auf die Rückkehr, die ihnen durch die UNO versprochen wird. Das Eigentum der Geflohenen wird von der israelischen Regierung auf Drängen der UNO 1950 zwar formal einem Treuhänder unterstellt, aber de facto erfolgt eine systematische Auslöschung fast aller verlassenen Orte und eine vollständige jüdische Besiedlung bzw. Besitzübernahme.
Im Gegenzug wandern schon innerhalb eines Jahres mehr als 250 000 orientalische Juden aus arabischen Ländern nach Israel ein und weitere folgen. Sie werden in Übergangslagern auf die Eingliederung in die europäisch geprägte Gesellschaft vorbereitet und allmählich angesiedelt. Dazu kommen in den nächsten beiden Jahren weitere 400 000 Einwanderer aus Europa und Osteuropa. Aus den ehemals französischen Gebieten Nordafrikas ziehen allerdings über 400 000 nicht nach Israel, sondern nach Frankreich, wo die Zahl der Juden auf ca. 600 000 anwächst. Auch die Juden Chinas wandern fast vollständig (ca. 30 000) nach Israel aus. Des-

gleichen ca. 24 000 Juden Indiens (*B^e^nê Jisra'el*), die aber vom orthodoxen Rabbinat Israels lange nicht als Juden anerkannt werden.

1948 (20. Mai) Die UN-Vollversammlung bestimmt Folke Graf Bernadotte zum Vermittler im Palästinakonflikt und fordert einen Waffenstillstand, den die arabischen Staaten ablehnen.

1948 (25. Mai) Die Altstadt Jerusalems wird von der Arabischen Legion erobert.

1948 (26. Mai) Aus der *Haganah* wird *TzaH"aL* (*Çeba' h^a^ganah l^e^-Jiśra'el*, Verteidigungsarmee für Israel) bzw. IDF (*Israel Defence Forces*).

1948 (29. Mai) UN-Sicherheitsrats-Resolution 50: Aufruf zu einem vierwöchigen Waffenstillstand und zur Sorgfalt gegenüber den *heiligen Stätten*. Am 11. Juni tritt ein erster Waffenstillstand in Kraft.

1948 (20. Juni) Der *ETZEL* versucht bei Tel Aviv trotz des Waffenstillstandes vom Schiff *Altalena* Waffen an Land zu bringen. Ben Gurion fordert ultimativ, aber vergeblich die Übergabe, läßt das Schiff beschießen und versenken. Aus Protest treten zwei national-religiöse Minister zurück. Der ETZEL wird daraufhin aufgelöst, an seiner Stelle gründet Menachem Begin die *Cherût*-Partei.

1948 (27. Juni) Graf Bernadotte präsentiert seinen Friedensplan: Union eines jüdischen und palästinensischen Staates; die weitere jüdische Einwanderung soll nach 2 Jahren von UN-Beschlüssen abhängen; alle Flüchtlinge dürfen zurückkehren, problematische Grenzabschnitte sollen durch Gebietsaustausch bereinigt werden. Israel lehnt den Plan ab.

1948 (7. Juli) Der UN-Sicherheitsrat fordert eine Verlängerung des Waffenstillstands, die arabische Seite lehnt ab.

1948 (8.–18. Juli) *Zehntagekrieg*. Eine ägyptische Offensive scheitert. Israels Armee erobert nun auch Lydda/Lod und erweitert den Zugang zu Jerusalem.

1948 (15. Juli) UN-Sicherheitsrats-Resolution 54: Aufforderung an alle Kriegsparteien zur Einstellung der Kampfhandlungen, vordringlich in Jerusalem. Graf Bernadotte soll die Entmilitarisierung Jerusalems einleiten.

1948 (16.–17. Juli) Vergeblicher israelischer Angriff auf die Altstadt Jerusalems. Bombardierung Kairos. Zweiter Waffenstillstand. Diesmal stimmt die arabische Seite zu und Israel zögert, da es sich in der Offensive befindet.

1948 (Ende Aug.) Ben Gurion gründet ein Komitee für Atomenergie.

1948 (17. Sept.) LECHI-Terroristen unter der Leitung Yitzhak Shamirs ermorden den UN-Vermittler Folke Graf Bernadotte und seine französischen Adjutanten. Der LECHI wird danach aufgelöst.

1948 (15. Okt.) Israels Armee startet Offensiven im Negev (*Operation Zehn Plagen*) und in Nordgaliläa, seine Luftwaffe versenkt das ägyptische Flagschiff *Faruk*.

1948 (4. Nov.) UN-Sicherheitsrats-Resolution 61: Forderung nach Rückzug aller Truppen auf die vereinbarten Waffenstillstandslinien.

1948 (7. Nov.) Ben Gurion befiehlt die Auflösung des linkssozialistischen *Palmach*-Kommandos und die Eingliederung ihrer Einheiten in die Armee.

1948 (8. Nov.) Ein Zensus für die bevorstehenden Wahlen ergibt für die jüdisch kontrollierten Gebiete eine Gesamtbevölkerung von ca. 782000 (713000 Juden, 69000 Araber), insgesamt 506567 Stimmberechtigte.

1948 (16. Nov.) UN-Sicherheitsrats-Resolution 62: Beschluß zur Festlegung von Waffenstillstandslinien innerhalb ganz Palästinas. Angesichts dessen eröffnet Israel am 23. Nov. nochmals eine Offensive im Negev.

1948 (11. Dez.) Die UN-Generalversammlungs-Resolution 194 bekräftigt Rückkehrrecht und Entschädigungsanspruch der palästinensischen Flüchtlinge und setzt die *Palestine Conciliation Commission* zur Umsetzung der früheren UN-Beschlüsse ein. Sie nimmt am 26. April 1949 ihre Tätigkeit auf.

1948 (29. Dez.) UN-Sicherheitsrats-Resolution 66: Forderung nach sofortiger Einstellung der Kampfhandlungen und Respektierung der UN-Beobachter.

1948 In Waltham, Mass. (USA) wird die Brandeis-University gegründet, eine jüdische Universität ohne konfessionelle Bindung.

1948 In Israel vereinigen sich drei linkssozialistische Gruppierungen zur MAPAM.

1949–1951 Masseneinwanderung von Juden aus Europa und aus islamischen Ländern. Der junge Staat Israel integriert fast 1,3 Millionen Neueinwanderer. U. a. werden 1950/51 durch die spektakuläre Lufttransportaktion *Fliegender Teppich* fast 50 000 Juden aus dem Jemen und weitere aus Kurdistan (*Operation Esra und Nehemia*) nach Israel gebracht.

1949 (7. Jan.) Dritte Waffenstillstandsverhandlungen auf Rhodos.

1949 (25. Jan.) Erste Wahlen zum Parlament Israels (*K^{e}näsät Jiśra'el*). Mandate: (1. Künftige Regierungskoalition) MAPAI (sozialdemokratisch) 46; 'Agudat Jisrael (nichtzionistisch-orthodox) 16; Progressive Zionisten 5. (2. Opposition) MAPAM (linkssozialistisch) 19; Allgemeine Zionisten 7; Cherut (rechtsextrem) 14; Sonstige 9; Kommunisten 4.

1949 (16.–17. Febr.) Das Parlament Israels wählt Chaim Weizmann (gest. 1952) zum ersten Staatspräsidenten.

1949 (24. Febr.) Offizielles Waffenstillstandsabkommen mit Ägypten.

1949 (10. März) Bildung der ersten Regierung des Staates Israel. David Ben Gurion (1886–1973) wird 1949–1954 (+1955–1963) Ministerpräsident, Moshe Sharett (1894–1965) Außenminister. Dessen vorrangig auf Diplomatie angelsächsischen Stils ausgerichtete Politik führt zu Spannungen mit Ben Gurion. Generalstabschef wird (bis 1952) Yigal Yadin.

1949 (4. März) Waffenstillstandsabkommen mit Jordanien.

1949 (März) Israel eröffnet trotz des Waffenstillstandes die Offensive *`Ubdah* (Tatsache) im Negev, stößt bis Elat am Roten Meer und im Osten bis in die `Arabah vor.

1949 (23. März) Waffenstillstandsabkommen mit dem Libanon auf Basis der bestehenden Grenze.

1949 (26. April–Sept.) Die *Palestine Conciliation Commission* scheitert nach Verhandlungen in Lausanne. Die arabische Seite besteht auf der Rückkehr der Flüchtlinge, Israel auf vorausgehenden Friedensabkommen.

1949 (11. Mai) Israel wird Mitglied der Vereinten Nationen.

1949 (20. Juli) Waffenstillstandsabkommen mit Syrien.

1949 (11. Aug.) UN-Sicherheitsrats-Resolution 73: Aufforderung an alle Konfliktparteien zur friedlichen Lösung der Streitfragen.

1949 (5./13. Dez.) Israels Regierung erklärt die Absicht, West-Jerusalem zum offiziellen Regierungssitz zu machen. Am 9. Dez. bekräftigt die UN-Vollversammlung die beschlossene Internationalisierung Jerusalems. Am 13. Dez. wird die Regierung Israels demonstrativ nach Jerusalem verlegt und am 6. Jan. 1950 wird Jerusalem feierlich zur Hauptstadt Israels erklärt.

1949 Das 1934 gegründete naturwissenschaftliche Forschungsinstitut in Rehovot wird in *Weizmann-Institute* umbenannt und in den folgenden Jahren zu einem weltweit anerkannten Forschungszentrum ausgebaut.

1949 Die Bevölkerung Israels wächst bis Ende 1949 auf 1 173 871 (davon 160 000 Nichtjuden) an.

1950–56 Die Sicherheitslage in Israel ist prekär, jährlich fallen 40–53 Personen arabischen Anschlägen zum Opfer, v. a. entlang des Gazastreifens.

1950 (24. April) Jordanien annektiert die Westbank.

1950 (5. Juli) Das Parlament Israels beschließt das Rückkehrgesetz (*Law of Return*): Jeder Jude hat das Recht, nach Israel einzuwandern und kann nach dreimonatigem Aufenthalt die Staatsbürgerschaft erhalten. Im Paß eines israelischen Staatsbürgers wird die Religionszugehörigkeit bei Juden als jüdische Nationalitätsangehörigkeit verzeichnet. Als Jude gilt nach jüdischem Recht, wer eine jüdische Mutter hat oder ritualgemäß zum Judentum übergetreten ist. Das Bekenntnis zu einer nichtjüdischen Religionsgemeinschaft hat den Verlust der jüdischen Nationalität zur Folge.

1950 (19. Juli) Gründung des *Zentralrats der Juden in Deutschland* in Frankfurt a. M. (später in Düsseldorf, Bonn, Berlin).

1951 (12. März) Außenminister Sharett fordert in einer Note an die Alliierten von der Bundesrepublik Deutschland eine pauschale Entschädigungszahlung und zusätzlich die individuelle Entschädigung Betroffener.

1951 (20. Juli) König Abdullah von Jordanien wird wegen seiner Kompromißbereitschaft von palästinensischen Anhängern des Mufti von Jerusalem ermordet. Sein Nachfolger wird Kronprinz Hussein.

1951 (30. Juli) Vorgezogene Parlamentswahlen in Israel. Mandate:

(1. Künftige Koalition) MAPAI 45; Mizrachi 7; ʿAgudat Jisrael 3. (2. Opposition) Kommunisten 5; MAPAM 15; Poʿale ʿAgudat Jisrael 5; Allgemeine Zionisten 23; Progressive 4; Cherut 8; Sonstige 9.

1951 (1. Sept.) Der UN-Sicherheitsrat verurteilt Ägypten wegen Seefahrtsbehinderungen im Roten Meer bzw. im Suezkanal.

1951 23. ZWK in Jerusalem. Verabschiedung des Jerusalem-Programms. Die Aufgaben zwischen ZWO und Regierung Israels sollen definiert und voneinander abgegrenzt werden (>1952). Als Ziele des Zionismus werden genannt: Festigung des Staates Israel, weitere *Einsammlung der Exilierten* im Land Israel und Förderung der Einheit des jüdischen Volkes.

1951 (27. Sept.) Bundeskanzler Adenauer erklärt im Deutschen Bundestag die Bereitschaft zu Wiedergutmachungsverhandlungen. Darauf veranstaltet im Okt. Nachum Goldmann im Namen der *Jewish Agency* und des WJC ein Treffen von Vertretern jüdischer Organisationen in New York zur Gründung der *Conference on Jewish Material Claims against Germany (Claims Conference).*

1951/52 In den kommunistisch regierten osteuropäischen Staaten kommt es zu einer Welle von «Säuberungen» und Schauprozessen, denen auch Politiker jüdischer Herkunft zum Opfer fallen. Unter ihnen Rudolf Slánsky, seit 1945 Generalsekretär der tschechoslowakischen Kommunistischen Partei, der im September 1951 verhaftet und am 2.12.1952 wegen «Trotzkismus»/«Titoismus» hingerichtet wird. Die Vorgänge führen zu einer weiteren Auswanderung von Juden.

1952 (7.–9. Jan.) Debatte im israelischen Parlament über Ben Gurions Ankündigung der Wiedergutmachungsverhandlungen mit Deutschland. Trotz heftiger Krawalle der Rechtszionisten (M. Begin: «This will be a war for life and death») und Versuchen rechtsextremer Demonstranten, das Gebäude zu stürmen, spricht sich eine Mehrheit für Verhandlungen aus.

1952 (23. Juli) In Ägypten stürzt eine Gruppe von Offizieren den britischen Vasallenkönig Faruk, Nachfolger wird Fouad. England wird aufgefordert, seine Truppen abzuziehen.

1952 (7.–10. Sept.) Israels Parlament stimmt dem Vertrag zwischen Israel und der Bundesrepublik Deutschland trotz heftiger rechtszionistischer Polemik mehrheitlich zu. Daraufhin wird am 10. Sept. 1952 das Luxemburger Abkommen zwischen der Bundesrepublik Deutschland, dem Staat Israel und der *Claims Conference* unterzeichnet. Deutschland zahlt an den Staat Israel pauschal 3,45 Mrd. DM (in jährlichen Raten). Das 1. Zusatzprotokoll verspricht gesetzgeberische Maßnahmen zur Schaffung der Rechtsgrundlagen für eine Entschädigung jüdischer Personen und Institutionen. Das 2. Zusatzprotokoll sagt 450 Mio. DM an jüdische Organisationen für die Unterstützung jüdischer NS-Opfer zu. Die Summen wurden nach Maßgabe der Wirtschaftskraft der Bundesrepublik vereinbart. Der rasche Aufschwung in den «Wirtschaftswunderjahren» führt daher später zu neuen Verhandlungen und mehr als zwei Dutzend weiteren Vereinbarungen.

1952 (Nov.) *World Zionist Organisation Status Law*. In einem Abkommen zwischen der ZWO und dem Staat Israel werden die Aufgabenbereiche abgegrenzt. Die *Jewish Agency* verliert ihre politische Bedeutung und wird als philanthropische Institution definiert.

1952 (8. Dez.) Jitzhaq ben Zvi wird zum Staatspräsidenten Israels gewählt.

1952 (23. Dez.) Ben Gurion bildet seine 4. Regierung, erstmals mit Beteiligung der Allgemeinen Zionisten.

1953 (Febr.) Ein Bombenanschlag auf die USSR-Botschaft in Tel Aviv führt zum Abbruch der diplomatischen Beziehungen (bis Juli 1953).

1953 Gründung der Shoah-Gedenkstätte *Yad Vashem* in Jerusalem.

1953 Gründung der Akademie für Hebräische Sprache in Jerusalem als Nachfolge-Institution des *Wa`ad ha-lašôn*.

1953 (23. Juli) Ägyptens König Fouad wird abgesetzt, General Naguib übernimmt die Macht. Im Westen steigt die Sorge um den Zugriff auf das Erdöl in der Region. Da im Iran Ministerpräsident Mossadegh ankündigt, die Ölindustrie verstaatlichen zu wollen, organisiert die CIA in Teheran einen Staatsstreich und bringt den autoritär herrschenden Schah wieder auf den Thron.

1953 (Aug.) Abschluß der Erziehungsgesetzgebung in Israel. Es gibt fortan zwei vom Staat getragene Schulzweige: 1. staatliche und 2. religiöse Schulen; Privatschulen der (orthodoxen) Agudisten werden staatlich unterstützt.

1953 (Sept.) Israels Wasserleitungsbau ermöglicht eine zu hohe Jordanwasserableitung. Eine internationale Kommission erzwingt Änderung der Kanaltrassierung. US-Präsident Eisenhower entsendet im Okt. 1953 Eric

Johnston zur Durchsetzung eines Plans für die Jordan/Jarmuk-Wassernutzung, und 1955 akzeptieren die vier Anrainerstaaten die festgelegten Quoten.

1953 (14./15. Okt.) Vergeltungsaktion des Brigadekommandanten Ariel Sharon gegen das Dorf Qibiya. 56 Häuser, die Moschee, die Schule und der Wassertank werden gesprengt, 67 Dorfbewohner sterben und zahlreiche werden verwundet. Am 24. Nov. verurteilt die UN-Sicherheitsrats-Resolution 101 die Aktion als Verletzung des Waffenstillstandsabkommen und als Verstoß gegen die UNO-Charta.

1953 (Nov./Dez.) Regierungskrise in Israel und Rücktritt Ben Gurions. Dieser empfiehlt Levi Eshkol als Nachfolger, gewählt wird aber Moshe Sharett. Ben Gurion ernennt zuvor noch seinen Vertrauten Moshe Dayan zum Generalstabschef (bis 1958).

1954 (26. Jan.)–1955 (29. Mai) Regierungsbildung unter M. Sharett als Ministerpräsidenten mit Beteiligung der Allgemeinen Zionisten.

1954 (Sept.) Moshe Sharett gerät mit dem Verteidigungsminister Pinchas Lavon in einen heillosen Streit. Außerdem wurden in Ägypten mehrere israelische Agenten gefaßt, die dort Anschläge auf Einrichtungen der USA und Englands verübt hatten, um die Beziehungen zwischen Ägypten und diesen Staaten zu stören.

1954 (16. Nov.) Staatsstreich in Ägypten. Gamal Abdel Nasser (1918 bis 1970) löst General Naguib ab und wird im Juni 1956 zum Staatspräsidenten gewählt. Die panarabischen Ambitionen und inneren Reformen Nassers finden in den arabischen Ländern begeisterte Befürworter und bedrohen konservativ-autoritäre Regime, v. a. Saudi-Arabien. Diese stützen sich auf die Westmächte, die durch eine arabische Einigung ihre Interessen (Energie-Ressourcen) und strategischen Positionen gegenüber dem Ostblock gefährdet sehen. Die arabischen Reformkräfte, die v. a. in Ägypten, Syrien und im Irak zunächst erfolgreich sind, sehen sich daher auf die Unterstützung durch die Sowjetunion angewiesen und geraten immer mehr auf eine autoritäre und diktatorische Linie. Die Chance einer populären, säkular und z. T. auch demokratisch orientierten arabischen Erneuerung erstickt im Ost-West-Konflikt. Israel wird dabei in der Periode der Entkolonialisierung, teils infolge eigener Interessenpolitik, teils als Instrument der noch immer kolonialistisch handelnden Westmächte, zum zentralen Krisenherd des Nahen und Mittleren Ostens.

1955 (2. Febr.) Rücktritt Lavons als Verteidigungsminister Israels. Moshe

Sharett bittet Ben Gurion um Übernahme des Verteidigungsministeriums, der nun v. a. die militärische Zusammenarbeit mit Frankreich verstärkt.

1955 (Febr.) Der sog. *Bagdad Pakt* eröffnet noch einmal die Chance einer prowestlichen Orientierung im fortschrittlichen arabischen Lager, doch Ben Gurion wird sofort nach seinem neuerlichen Regierungsantritt aktiv, um die drohende Konkurrenz zu verhindern.

1955 (13. Febr.) Die USSR warnen vor militärischen Aktionen der Westmächte im Nahen Osten. Hintergrund sind Geheimverhandlungen zwischen Israel, Großbritannien und Frankreich.

1955 (22. Juni) Das Urteil im Prozeß Kasztner gegen Grunwald (>1953) fällt nicht zugunsten Kasztners aus. Er geht in Berufung und wird schließlich rehabilitiert, allerdings posthum, denn am 7. März 1957 ermorden ihn drei Rechtsextremisten.

1955 (28. Juni) Ein *Cherut*-Mißtrauensantrag wegen des Kasztner-Urteils hat wegen der Stimmenthaltung der Allgemeinen Zionisten Erfolg und Moshe Sharett tritt zurück.

1955 (31. Juni) Im Kairoer Spionageprozeß werden 2 Todesurteile gefällt. Der Ursachenstreit bzw. Lavon-Konflikt in Israel flammt erneut auf.

1955 Gründung der orthodoxen Bar-Ilan-Universität in Ramat Gan bei Tel Aviv.

1955 Gründung des *Leo-Baeck-Instituts* zur Erforschung des deutschen Judentums in Jerusalem, später mit Sitz in New York und Tel Aviv, zuletzt auch wieder in Deutschland tätig.

1955 (26. Juli) Israelische Parlamentswahlen. Mandate: (1. Künftige Regierungskoalition) MAPAM 9; MAPAI 40; Achdut ha-`abodah 10; Mizrachi 5; Progressive Zionisten 5. (2. Opposition) `Agudat Jisrael 12; Allgemeine Zionisten 13; Cherut 15; Kommunisten 6; Sonstige 5. Die Bevölkerung Israels: 1 872 075, davon 204 935 Nichtjuden.

1955 (Sept.) Ägypten bezieht Waffen aus der Tschechoslowakei.

1955 (27. Sept.) Ägyptens Präsident Nasser gibt ein umfangreiches Waffengeschäft mit der USSR bekannt.

1955 (17. Okt.) Abschluß eines Militärpakts zwischen Ägypten und Syrien.

1955 Gründung der israelischen Stadt Dimona in der Negevwüste. Ca. 16 km entfernt wird ein Atomkraftwerk französischen Typs errichtet, das allmählich bis zur Produktion von Atomwaffen ausgebaut wird. (>1985 Nov.: Vanunu). Zu diesem Zweck wird auch eine enge Zusammenarbeit mit dem Apartheidsstaat Südafrika eingeleitet. Internationale Kontrollbehörden erhalten keinen Zutritt zur Anlage, das gilt auch für das Institut für biologische Forschung in Nes Ziona, einem Zentrum für die Entwicklung biochemischer Waffen.

1955 (2./3. Nov.) Ben Gurion Ministerpräsident Israels.

1956 (19. Juni) Ben Gurion entläßt Außenminister Moshe Sharett und ernennt als Nachfolgerin Golda Meir. Moshe Sharett war nämlich für eine engere Anlehnung an die USA eingetreten und kritisierte die Suez-Kriegspläne Ben Gurions und der Armeeführung.

1956 (28. Juni) Pinchas Lavon wird zum *Histadrut*-Generalsekretär gewählt und übernimmt damit eine der stärksten Machtpositionen innerhalb der Arbeiterbewegung.

1956 (26. Juli) Ägyptens Präsident Nasser verstaatlicht die zu 40 % britische Suez-Kanal-Gesellschaft.

1956 24. ZWK in Jerusalem. Besorgnis wegen der prekären Sicherheitslage an der Grenze zu Ägypten. Planung eines möglichst weitgespannten Netzes zur Finanzierung des Aufbaus im Staat Israel. Nahum Goldmann (geb. 1894) wird bis 1968 Präsident der ZWO. Als entschiedener Verfechter der Existenzberechtigung eines Diasporajudentums steht er in ständiger Auseinandersetzung mit David Ben Gurion, der eine möglichst baldige und vollständige Abwanderung aller Juden nach Israel fordert. Zalman Shazar wird (bis 1961) Vorsitzender der *Jewish Agency.*

1956 (Okt.) Geheimbesuch Ben Gurions in Frankreich, wobei mit Premierminister Guy Mollet umfangreiche Waffenlieferungen an Israel vereinbart werden.

1956 (13. Okt.) Der UN-Sicherheitsrat fordert freie Seefahrt im Suezkanal. Ägypten lehnt ab.

1956 (25. Okt.) Bei Wahlen in Jordanien erringen Nasser-Sympathisanten einen großen Erfolg. Es folgt ein Militärpakt mit Syrien und Ägypten.

1956 (27./29. Okt.) Ben Gurion präsentiert seinem Kabinett einen Plan zur Unterbindung der Fedayin-Überfälle an der Gaza-Grenze und der Bedrohung durch Ägypten. Am 28./29. Okt. überfällt eine gegen Fedayin eingesetzte israelische Polizeieinheit Bewohner des Dorfes Kafr Qassim auf dem Heimweg von ihren Feldern und erschießt 49 Personen.

1956 (29. Okt.–5. Nov.) Der Suezfeldzug. Als Reaktion auf die Verstaatlichung des Suezkanals durch Ägypten greifen Israel, England und Frankreich Ägypten an, um sich die Kontrolle über den Kanal zu sichern. Israels Truppen überrennen die Sinaihalbinsel und erreichen nach 7 Tagen den Suezkanal. Die USSR droht am 7. Nov. mit militärischem Eingreifen, US-Präsident Eisenhower verlangt den Rückzug. Israel zieht sich teilweise zurück und räumt die letzte Stellung im März 1957. Die UN postieren in der Zwischenzeit Beobachter in einer Pufferzone. Ben Gurion erkennt nach diesem Fehlschlag, daß die USA die britischen Positionen im Vorderen Orient übernehmen und zur entscheidenden Macht für die Region werden.

1957/58 Krise in Jordanien. Ein Nasser-Anhänger wird Ministerpräsident und im April 1957 durch König Hussein abgesetzt, der ein Parteienverbot verhängt. Britische Truppen retten 1958 die haschemitische Monarchie.

1957 (28. Okt.) Y. Ben-Zvi wird als Staatspräsident Israels wiedergewählt.

1958 (29. Juni) Regierungskrise in Jerusalem. Die Nationalreligiösen stimmen gegen Richtlinien des Innenministers Bar Yehuda zur Frage »Wer ist Jude«. Am 1. Juli 1958 treten die nationalreligiösen Minister zurück.

1958–1963 Papst Johannes XXIII. Er initiiert das II. Vatikanische Konzil (1962–1965) und leitet eine Wende in der kirchlichen Haltung zum Judentum ein.

1958 Militärputsch und Ende der Haschemitenmonarchie im Irak. Die Gründung der *Iraqi Petrolium Company* (mit Beteiligung von Shell, Mobil, und Exxon), durch die der Irak erstmals Anteil an seinem Ölreichtum erhält, verstimmt die USA, die nun verstärkt auf den Iran setzen, der auch Israel mit Erdöl versorgt.

1958 (21. Dez.) General Charles de Gaulle (1890–1970) wird Präsident

Frankreichs. Er löst Frankreich aus der kolonialistischen Nordafrikapolitik, was neue Präferenzen im Nahen Osten bedeutet. Für Israel entfällt ab 1967 endgültig Frankreich als Bündnispartner, und die Abhängigkeit von den USA wird existenzbestimmend. Die Regierungen Israels bemühen sich nun mittels zionistischer und anderer jüdischer Organisationen, in den USA alle vorhandenen politischen Einflußmöglichkeiten wahrzunehmen. Dies gelingt im Lauf der nächsten Jahre dank der AIPAC (*American Israel Public Affairs Committee*) immer effektiver, vollends seit der «Holocaust»-Welle (>1978).

1959 (Juni/Juli) Unruhen in Haifa. Ursache ist die soziale Misere unter den eingewanderten orientalischen Juden.

1959 (Juni/Juli) Kabinettskrise in Israel wegen eines Waffengeschäfts der Regierung mit der Bundesrepublik Deutschland, das von den Linkssozialisten abgelehnt wird.

1959 (Sept./Okt.) In Kuweit wird die *Fatah* gegründet, die *Bewegung für die Befreiung Palästinas*. Mitbegründer ist Yassir Arafat.

1959 (3. Nov.) Parlamentswahlen in Israel. Ergebnisse nach Mandaten: (1. Künftige Regierungskoalition) MAPAM 9; ´Achdut ha-`$^{a}$bodah 7; MAPAI 47 (!); Nationalreligiöse 12. (2. Opposition) Kommunisten 3; `Agudat Jisrael 12; Allgemeine Zionisten 8; Progressive 6; Cherut 17; Sonstige 5. Bevölkerung: 2 088 685, davon 229 344 Nichtjuden.

1959 (17. Dez.) David Ben Gurion Ministerpräsident Israels.

1960 (11. Mai) Adolf Eichmann wird von israelischen Geheimagenten aus Argentinien entführt.

1960 In New York vereinbaren Bundeskanzler Adenauer und Ministerpräsident Ben Gurion eine fortlaufende deutsche Wirtschaftshilfe für die Folgezeit. Künftige Waffenlieferungen werden nicht ausgeschlossen.

1960 (Sept.) Zweiter Akt der Lavon-Affäre und Einsetzung eines Untersuchungsausschusses (Rosen-Ausschuß).

1960 25. ZWK in Jerusalem. Ben Gurion besteht darauf, das Verhältnis zwischen ZWO und Staat Israel genauer zu definieren. Nahum Goldmann wird als Präsident wiedergewählt.

1961 (Jan.) Bevölkerung Israels: 2 154 200 Einwohner, davon 240 300 Nichtjuden.

1961 Gründung der *Israel Academy of Science and Humanities.*

1961 (31. Jan.) Rücktritt Ben Gurions.

1961 (4. Febr.) Pinchas Lavon wird von der MAPAI als Generalsekretär der *Histadrut* wegen seiner Kampagne gegen Ben Gurion abgewählt.

1961 (April) Gründung der israelischen Liberalen Partei durch Zusammenschluß von Allgemeinen Zionisten und Progressiven.

1961 (11. April)–1962 (31. Mai) Eichmann-Prozeß in Jerusalem. Adolf Eichmann wird wegen Völkermords zum Tode verurteilt. Die Prozeßakten sind eine wichtige Quelle für die Erforschung der *Shoah*.

1961 (31. Mai) Teststart einer Mittelstreckenrakete in Israel.

1961 (15. Aug.) Parlamentswahlen in Israel. Mandate: (1. Künftige Koalition) MAPAI 42; ´Achdut ha-`abôdah 8; Nationalreligiöse 12; Po`alê ´Agudat Jisrael 2. (2. Opposition) MAPAM 9; ´Agudat Jisrael 4; Liberale 17; Cherut 17; Sonstige 4.

1961 (2. Nov.) David Ben Gurion erneut Ministerpräsident Israels.

1961 Auswanderung von Juden Marokkos (*Operation Jakîn*). Der Untergang des Schiffes *Egos* fordert 43 Tote.

1962 Nach einem Volksentscheid im Jahr 1961 entläßt Frankreich mit dem Frieden von Evian Algerien in die Unabhängigkeit. Mit vielen anderen verlassen auch Juden Algerien in Richtung Frankreich.

1963 (22. Jan.) Ermordung des US-Präsidenten John F. Kennedy. Vizepräsident Lyndon Johnson wird Präsident und bewilligt ein zuvor heftig umstrittenes, großes Rüstungsprogramm.

1963 (21. Mai)–1973 (21. Mai) Zalman Shazar (1889–1974) Staatspräsident Israels.

1963 (16./24. Juni) Rücktritt Ben Gurions «aus persönlichen Gründen». Levi Eshkol wird Ministerpräsident Israels.

1963 Gründung der Universität Haifa. Beginn französischer Atomwaffenversuche mit geheimgehaltener israelischer Beteiligung im Pazifik.

1963–1978 Papst Paul VI. Er führt die begonnenen innerkirchlichen Reformen weiter, besucht das *Heilige Land* und damit auch den Staat Israel. In der für das II. Vatikanische Konzil erarbeiteten Enzyklika *Nostra aetate* (publiziert Okt. 1965) wird das Verhältnis der katholischen Kirche zu den anderen Konfessionen und Religionen, insbesondere zum Judentum, neu definiert. Judenfeindliche Inhalte werden aus der Liturgie entfernt und direkte Kontakte zur jüdischen Seite gesucht.

1964 (28. Mai–2. Juni) Erster palästinensischer Nationalkongreß. Gründung der *Palestine Liberation Organisation* (PLO) mit Ahmed Shukari als Vorsitzenden. Die PLO wirkt aber auch als revolutionäre panarabische Bewegung, was zu Spannungen mit arabischen Regierungen führt.

1964 26. ZWK in Jerusalem. Nahum Goldmann wird als Präsident wiedergewählt und fordert mehr Aufmerksamkeit für das Geschehen in der Diaspora.

1964 (15. Nov.) Beschluß zur Vereinigung von MAPAI und MAPAM zum *Ma'ᵃRaK*, was im Ben-Gurion-Flügel der Partei auf Kritik stößt und im Februar 1965 zum Zerwürfnis zwischen Eshkol und Ben Gurion führt.

1964 (14./22. Dez.) Rücktritt des Ministerpräsidenten Levi Eshkol und Neubildung der Regierung Israels. Generalstabschef (bis 1968): Yitzchak Rabin.

1965/67 Eine Wirtschaftskrise stürzt Israels Staatsführung in Bedrängnis. Die deutschen Reparationsleistungen auf Grund des Luxemburger Abkommens von 1952 laufen aus und können trotz weiterer Zuwendungen aus Deutschland nicht voll ersetzt werden.

1965 (26. April) Die rechtszionistische *Cherût*-Partei und die Nationalliberalen bilden den Wahlblock *GaChaL*. Die restlichen Liberalen formieren sich als *Unabhängige Liberale*.

1965 (12. Mai) Aufnahme diplomatischer Beziehungen zwischen dem Staat Israel und der Bundesrepublik Deutschland.

1965 (3. Juni) Im *Ma'ᵃRaK* stimmt die Mehrheit für Levi Eshkol als Ministerpräsidenten-Kandidat. Die Ben-Gurion-Gruppe beschließt darauf am

14. Juli als eigene Liste (RAFI) zu kandidieren und wird aus dem *Ma`aRaK* ausgeschlossen.

1965 (2. Nov.) Parlamentswahlen in Israel. Mandate: (1. Künftige Regierungskoalition) MAPAM 8; MAPAI 45; Nationalreligiöse 11 Unabhängige Liberale 5. (2. Opposition) Kommunisten 4; RAFI 10; `Agudat Jisrael 6; GaChaL 26; Sonstige 4. Bevölkerung: 2 598 400, davon 299 300 Nichtjuden.

1966 (12. Jan.) Levi Eskhol Ministerpräsiden Israels. Außenminister wird (bis 1978) Abba Eban (1915–2002), Historiker, sozialistisch-zionistischer Politiker und geschickter Diplomat angelsächsischer Prägung.

1966 Literatur-Nobelpreise für den hebräischen Schriftsteller Samuel J. Agnon (1888–1970) und für die deutsch-jüdische Dichterin Nelly Sachs.

1966 (13. Nov.) Ein verheerender israelischer Angriff auf Samua` bei Hebron fordert zahlreiche Opfer. Er wird am 25. Nov. durch die UN-Sicherheitsrats-Resolution 228 verurteilt.

1966 (31. März) Gründung der *Deutsch-Israelischen Gesellschaft*

1966 (2.–10. Mai) Besuch des Bundeskanzlers Konrad Adenauer in Israel

1967 Sporadischer syrischer Artilleriebeschuß macht Grenzorte unsicher.

1967 Gründung der Universität Beersheba.

1967 (Ende Mai/Anfang Juni) Ägyptens Präsident Nasser droht Israel mit einer Sperre der Seezufahrt zum Roten Meer und verlegt Panzertruppen auf die Sinaihalbinsel. Zugleich erfolgen Absprachen mit Syrien und Jordanien über koordinierte militärische Aktionen.

1967 (16.–23. Mai) Ägyptens Präsident Nasser erzwingt den Abzug der UN-Truppen aus dem Sinai und aus dem Gaza-Streifen und sperrt am 22./23. Mai die Straße von Tiran am Roten Meer für israelische Schiffe. Damit wäre Israels Hafen Elat wertlos.

1967 (5. Juni) Bildung einer Regierung der nationalen Einheit in Jerusalem unter Levi Eshkol. Moshe Dayan wird Verteidigungsminister, Menachem Begin Minister ohne Portefeuille. Mit der Regierungsbeteiligung der Rechtszionisten unter Menachem Begin wird diese bislang als rechtsextrem verfemte Partei politisch aufgewertet und ihr späterer Wahlsieg (1977) vorbereitet.

1967 (5.–10. Juni) «Sechstagekrieg». Israel greift überraschend an, überrennt die ägyptischen Truppen, erobert die Sinaihalbinsel und rückt bis an den Suezkanal vor. Die Führungen in Syrien und Jordanien werden durch ägyptische Erfolgsmeldungen irregeführt und greifen ein. Im Norden wird die syrische Armee zurückgeworfen und ein großer Teil des Golan besetzt. Gegen den heftigen Widerstand der jordanischen Armee wird der Jordan erreicht und Ostjerusalem erobert. Die USA erklären sich im Konflikt, den sie nicht verhindern konnten, für neutral; die israelische Luftwaffe versenkt am 8. Juni das US-Beobachtungschiff *Liberty* in internationalen Gewässern vor der Küste der Sinaihalbinsel (34 Tote, 171 Verwundete).
Jüdische Fundamentalisten hoffen von da an auf eine jüdische Kontrolle über den Tempelberg selbst, dessen Verwaltung (innerhalb der herodianischen Einfassungsmauern) Moshe Dayan aber dem islamischen *Wafq* überläßt. In der Folge gewinnt die Westmauer als Gebetsstätte für fromme Juden zunehmend an Bedeutung. Die angrenzenden arabischen Häuser werden abgetragen und ein großräumiger Platz wird geschaffen.
Die Eroberung der «Westbank» mit dem Jordan als östlicher Waffenstillstandslinie brachte biblisches Kernland unter israelische Kontrolle. Wieder kam es zu einer Massenflucht, für Bewohner von Flüchtlingslagern zum zweiten Mal. Ehemalige jüdische Siedlungen werden nun begreiflicher Weise wieder bezogen. Israels Politiker betrachten aber mehrheitlich die ganze Westbank als eigentlich israelisches Gebiet, eine Bewegung für «das ganze Land Israel» beginnt zu agieren, und es setzt eine neue Siedlerbewegung ein, getragen von der religiös-nationalistischen bzw. fundamentalistischen Bewegung *Gûš ᵓᵃmûnîm* (Block Getreuer). Die entstehenden Siedlungen sind verwaltungsmäßig exterritorial, werden von den Besatzungsstreitkräften geschützt, untereinander und mit dem Mutterland durch ein exklusives Verkehrssystem verbunden, das die Palästinenserorte isoliert. Wasserresourcen und Wasserversorgungsanlagen werden beschlagnahmt und der zuständigen israelischen Verwaltung unterstellt. Die Golanhöhen und das Ostufer des Sees Genezareth werden konsequent besiedelt und 1981 annektiert.

1967 (14. Juni) UN-Sicherheitsrats-Resolution 237: Aufforderung an Israel, die Rechte der Bewohner besetzter Gebiete zu wahren, ihren Bedürfnissen Rechnung zu tragen und den Geflohenen die Rückkehr zu ermöglichen. Ermahnung zur Beachtung der Menschenrechte und der Genfer Konvention vom 12. Aug. 1949.

1967 (28. Juni) Ost-Jerusalem wird annektiert.

1967 (27. Juli) Das israelische Parlament beschließt ein Gesetz bezüglich des Schutzes der *heiligen Stätten.*

1967 (1. Sept.) Eine arabische Gipfelkonferenz in Khartoum stellt klar, daß es mit Israel keinen Friedenschluß auf Kosten der Palästinenser geben, der Staat Israel nicht anerkannt wird, und daß mit Israel auch nicht verhandelt werden soll.

1967 (22. Nov.) UN-Sicherheitsrats-Resolution 242: Sie fordert den Rückzug Israels aus besetzten (Lesart in Übersetzungen: *den* besetzten) Gebieten, wechselseitige Anerkennung und Gewaltverzichtserklärungen, versichert jedem Staat der Region die Unabhängigkeit und das Recht, innerhalb sicherer und anerkannter Grenzen, frei von Bedrohungen oder Gewaltakten zu leben, und betont die freie Seefahrt in internationalen Gewässern.

1968–1970 Stellungskrieg am Suezkanal.

1968 Opfer arabischer Anschläge werden in diesem Jahr 55 Personen. Die Juden Cochins, seit dem Hochmittelalter in kleinen Handelskolonien lebend, wandern (ca. 2500 Personen) nach Israel ab.

1968 In Polen setzt eine antizionistische Kampagne ein. Viele der noch dort lebenden Juden wandern aus.

1968 (Jan.) CIA-Berichte (auch wieder am 3. März) über Uran-Lieferungen an Israel. Ein Schiff mit einer Uranladung an Bord erreicht seinen Zielhafen in Italien nicht. 1977 wird aufgedeckt, daß die Ladung nach Dimona gelangt ist.

1968 (21. Jan.) Vereinigung von MAPAI, ´Achdut ha-`abodah und RAFI zur *Vereinigten Partei der Arbeit.*

1968 (Ende März) Kämpfe zwischen israelischen Truppen und palästinensischen Freischärlern bei Karameh am Ostufer des Jordan. Erstmals tritt die PLO militärisch in Erscheinung.

1968 (21. Mai) UN-Sicherheitsrats-Resolution 252: Verurteilung der Mißachtung von UN-Sicherheitsrats-Resolutionen durch Israel und Nichtigkeitserklärung aller administrativen und legislativen Maßnahmen, die den Status Jerusalems ändern.

1968 (Juni) 27. ZWK im «wiedervereinten» Jerusalem. Jugenddelegationen aus vielen Ländern illustrieren das seit dem Sechstagekrieg sprunghaft angestiegene Interesse für den Staat Israel der Diaspora. Der Kongreß aktualisiert das Jerusalemer Programm von 1951 im Sinne israelischer Vorstellungen. Die Einheit des jüdischen Volkes und die zentrale Rolle des Staates Israel sowie die Notwendigkeit der Einwanderung nach Israel werden hervorgehoben. Die Wahrnehmung und Verteidigung jüdischer Rechte und Interessen in der ganzen Welt soll intensiviert werden. Damit gewinnt der Staat Israel im Kompetenzenstreit mit der ZWO die Oberhand. Nahum Goldmann tritt daher zurück und vertritt seinen Standpunkt weiterhin als Präsident des *World Jewish Congress*. Zur Neuwahl eines Präsidenten kommt es nicht, Ehud Avriel wird interimistischer Vorsitzender.

1968 (Sept./Okt.) Heftige Artillerieduelle am Suezkanal.

1968 Die Baath-Partei erlangt die Macht im Irak, verstaatlicht die Erdölindustrie und stützt sich außenpolitisch und militärisch auf den Ostblock.

1968 (28. Dez.) Israel bombardiert den Flughafen Beirut. 14 Flugzeuge werden als Vergeltung für einen Anschlag auf eine EL-AL-Maschine in Athen zerstört.

1969–1974 Richard Nixon Präsident der USA. Henry Kissinger bestimmt als Sicherheitsberater die Linie der US-Außen- und Sicherheitspolitik.

1969 Frankreich soll an Israel 5 Torpedoboote liefern, doch es besteht ein Waffenembargo. Ein israelisches Kommando entführt daraufhin die 5 Boote. Israel erhält von den USA Phantom-Kampfflugzeuge geliefert.

1969 (1.–4. Febr.) Fünfte Sitzung des *Palästinensischen Nationalrates* in Kairo. Arafat wird zum Vorsitzenden der PLO gewählt.

1969 (17. März) Golda Meir wird Ministerpräsidentin einer Koalition der nationalen Einheit in Israel. Die Außen- und Sicherheitspolitik wird mit dem rechtszionistischen GaChaL abgestimmt.

1969 (3. Juli) UN-Sicherheitsrats-Resolution 267: Bekräftigung des Prinzips, daß die Aneignung von Territorien durch militärische Gewalt unzulässig ist. Bedauern über die Ignorierung von Resolutionen des Sicherheitsrates. Scharfer Tadel der Versuche, den Status von Jerusalem zu ändern.

1969 (21. Aug.) Ein durch einen Juden verursachter Brand in der El-Aqsa-

Moschee in Jerusalem erregt die islamische Welt. Die UN-Sicherheitsrats-Resolution 271 bedauert die Schäden und ermahnt Israel zur Beachtung der Genfer Konvention und der UN-Resolutionen.

1969 (28. Okt.) Parlamentswahlen in Israel. Mandate: (1. Künftige Koalition) Arbeitspartei 56; Nationalreligiöse 12; Unabhängige Liberale 4. (2. Opposition) Kommunisten 4; `Agudat Jisrael 6; GaChaL 26; Sonstige 12. Bevölkerung: 2 919 200, davon 422 800 Nichtjuden

1969 (15. Dez.) Golda Meir Ministerpräsidentin Israels. Große Koalition mit Unabhängigen Liberalen, GaChaL und Nationalreligiösen zu Bedingungen des GaChaL. Die neue Regierung lehnt den Rogers-Nahostplan ab, weil dieser keine wesentlichen Grenzänderungen gegenüber den Waffenstillstandslinien von 1949 vorsieht.

1970–1983 Bruno Kreisky österreichischer Bundeskanzler. In den Siebziger- und frühen Achtzigerjahren wandern ca. 200 000 Juden aus der Sowjetunion in Israel ein. Allerdings nicht direkt, sondern v. a. über das neutrale Österreich, wo ein Übergangslager eingerichtet wird. Da in diesen israelische Agenten eine zwangsweise Weiterbeförderung nach Israel organisieren wollen, ein Teil der Betroffenen aber in andere Länder möchte, kommt es zu Spannungen zwischen den Regierungen in Wien und Jerusalem.

1970 In diesem Jahr fallen 74 Personen arabischen Anschlägen zum Opfer.

1970 (4. Aug.) Israels Regierung akzeptiert einen US-Vorschlag vom 19.06. zur Einrichtung einer Trennzone von 50–70 km Tiefe am Sinai. Die *GaChal*-Minister treten darauf am 6. Aug. zurück. Die Nationalreligiösen, bereits gespalten und z. T. mit der Siedlerbewegung im Bunde, protestieren. Golda Meir bildet die Regierung um.

1970 (Sept.) «Schwarzer September» in Jordanien: Die PLO provoziert mit ihren revolutionär-panarabischen Tendenzen König Hussein, der läßt die PLO-Truppen angreifen und in den Libanon und nach Syrien abdrängen.

1970 (28. Sept.) Tod des ägyptischen Präsidenten Gamal Abd el-Nasser. Nachfolger wird Muhammad Anwar as-Sadat (1918–1981).

1971 Tod des linkssozialistisch-zionistischen Politikers Isaak Tabenkin (geb. 1887).

1971 Die *Jewish Agency* wird von der ZWO getrennt und umgestaltet und besteht nur mehr zu 50 % aus Vertretern der ZWO, 30 % sind Repräsentanten des *United Israel Appeal* (USA). Diese Regelung wird 1976 durch das Parlament Israels bestätigt.

1971 (Febr.) UNO-Beauftragter Jarring scheitert mit einem Vermittlungsversuch.

1971 (Juni) Gründung der *Israelisch-Deutschen Gesellschaft.*

1972–1997 In diesem Zeitraum verhindern die USA mit 32 Vetos bzw. Veto-Androhungen israelkritische Resolutionen im UN-Sicherheitsrat.

1972 (18.–28. Jan.) 28. ZWK in Jerusalem. Finanzierung und Wahlmodus der Organisation werden reformiert.

1972 (3./4. März) M. Jacobson kandidiert gegen Kurt Waldheim für das Amt des UNO-Generalsekretärs und wird von den USA unterstützt. Die USSR unterstützen Waldheim, der gewählt wird.

1972 (5. Sept.) Ein PLO-Kommando stürmt die Unterkünfte der israelischen Olympiamannschaft im olympischen Dorf in München und nimmt die Sportler als Geiseln. Beim Befreiungsversuch sterben 11 Israelis, 5 Attentäter und 1 Polizist.

1972 (16. Okt.) Israelische Agenten ermorden in Rom Wa`el Zu´aytes, den Leiter des dortigen PLO-Büros.

1972 (29. Okt.) Ein PLO-Kommando entführt eine Lufthansa-Maschine und erreicht die Freilassung der gefangenen Geiselnehmer vom 5. Sept. Von den überlebenden beteiligten 11 PLO-Attentätern werden in den folgenden Jahren acht nach und nach durch israelische Geheimdienstagenten liquidiert.

1972 In Israel propagiert der fundamentalistische US-Rabbiner Meir Kahane und seine *Jewish Defense League* bzw. *KaCh*-Partei offensiv ein Großisrael und den «Transfer» der arabischen Bevölkerung.

1972 Bevölkerung Israels: 3 225 000; davon 472 300 Nichtjuden.

1973 (24. Mai)–1978 (24. Mai) Ephraim Katzir Staatspräsident Israels.

1973 (7.–11. Juni) Besuch des deutschen Bundeskanzlers Willy Brandt in Israel.

1973 (Aug.) Die palästinensischen Organisationen in den besetzten Gebieten bilden eine *nationale Front.*

1973 (11. Sept.) US-Präsident R. Nixon und H. Kissinger unterstützen durch die CIA einen Staatsstreich in Chile und bringen General Pinochet an die Macht. Zu den Opfer seiner Gewaltherrschaft gehören auch liberale Juden.

1973 (6.–26. Okt.) Der Jom-Kippur-Krieg. Am 6. Okt. überqueren ägyptische Truppen überraschend den Suezkanal, überrennen die israelischen Stellungen und rücken auf der Sinaihalbinsel bis zum Mitla-Paß vor. Israels Reserven sind erschöpft, und Ministerpräsidentin Golda Meir erwägt Kapitulationsverhandlungen. Eine Neuordnung der israelischen Verteidigung unter Moshe Dayan und Yitzhak Rabin ermöglicht aber die Abwehr eines syrischen Angriffs auf die Golanhöhen, und eine intensive Luftbrücken-Hilfsaktion der USA sorgt für den nötigen Nachschub. Am 13. Okt. erklärt Jordanien, am 14. auch Saudi-Arabien den Krieg, doch kommt es zu keinen Kampfhandlungen.

1973 (16. Okt.) Die arabischen OPEC-Staaten erhöhen den Erdölpreis pro Barrel um fast 100 %, erklären einen Erdölboykott gegen feindliche Staaten und lösen eine Wirtschaftskrise aus. Die USA bemühen sich nun im Rahmen der UNO um einen Waffenstillstand.

1973 (22. Okt.) Die UN-Sicherheitsrats-Resolution 338 fordert einen Waffenstillstand, den Beginn der Umsetzung der Resolution 242 und die Aufnahme direkter Verhandlungen zwischen den Kriegsparteien. Beschluß zur Entsendung einer UN-Friedenstruppe mit Mandat bis 24. Juli 1979.

1973 (21.–23. Okt.) Ein vorläufiges Waffenstillstandsabkommen tritt in Kraft. Henry Kissinger gibt aber (wie 2004 zugegeben wird) am 21./22. Okt. der Regierung Israels grünes Licht für eine Offensive nach Inkrafttreten des Waffenstillstandes. General Ariel Sharon greift darauf im Süden der Sinaihalbinsel an, kesselt eine ägyptische Armee bei Port Said ein, und droht gegen Kairo vorzurücken. Damit wurde die Position Israels zwar erheblich gestärkt, in der arabischen Welt aber neue Erbitterung bewirkt. Der Erdölboykott zeigt Wirkung und die Westmächte suchen einen Ausweg. Die USA entsenden Henry Kissinger zu Verhandlungen nach Saudi-Arabien, der als Gegenleistung für die Aufhebung des Ölboykotts die

Lösung der Palästinafrage verspricht. Dieses Versprechen wird nicht eingehalten. Die USA leisten Israel zum Ausgleich für einen Rückzug von der Sinaihalbinsel hohe Sonderzahlungen.

1973 (9. Nov.) Henry Kissinger beginnt mit einer Nahost-Pendeldiplomatie.

1973 (11. Nov.) Das endgültige Waffenstillstandsabkommen mit Ägypten wird unterzeichnet.

1973 (1. Dez.) Tod des Staatsgründers David Ben Gurion.

1973 (21. Dez.)–(9. Jan.) 1974 Die Erste internationale Nahost-Konferenz in Genf endet ohne Ergebnisse.

1973 (31. Dez.) Parlamentswahlen in Israel. Mandate: Ma`arak/Arbeiterpartei 51; Kommunisten 4; `Agudat Jisrael 5; Nationalreligiöse 10; Likkud (Rechtszionisten mit Nationalliberalen) 39; Sonstige 11.

1974–1980 Kontinuierliche Zuwanderung von Juden aus Osteuropa in die DDR und nach Berlin.

1974 67 Personen fallen in diesem Jahr arabischen Anschlägen zum Opfer.

1974 (März) Österreichs Bundeskanzler Bruno Kreisky sondiert die Nahost-Lage und bemüht sich um einen Ausgleich zwischen Israel und den Palästinensern. Golda Meir reagiert äußerst ungehalten.

1974 (12. Mai) Erste ägyptisch-israelische Truppenentflechtung. Rückzug vom Suezkanal auf die Sinaipässe.

1974 (16. Mai) Helmut Schmidt wird als Nachfolger Willy Brandts zum deutschen Bundeskanzler gewählt.

1974 (31. Mai) Syrisch-israelische Truppenentflechtung. Israel räumt die völlig zerstörten Städte Kuneitra und Rafid.

1974 (Juni) Der Palästinensische Nationalrat besteht auf der Befreiung ganz Palästinas, erklärt sich aber zu Verhandlungen über eine Teillösung bereit.

1974 (3. Juni) Yitzhak Rabin (geb. 1922) wird Ministerpräsident Israels.

Seine Amtszeit wird durch die fortwährende innerparteiliche Rivalität zwischen ihm und Shimon Peres belastet, was wesentlich zum Niedergang der Arbeitspartei beiträgt.

1974 (12. Sept.) In Äthiopien wird Kaiser Haile Selassie durch einen Militärputsch gestürzt. Israel hat das christliche Äthiopien militärisch gezielt unterstützt und setzt diese Zusammenarbeit auch mit dem neuen Militärregime fort.

1974 (28./30. Okt.) Die arabische Gipfelkonferenz in Rabat anerkennt die PLO als alleinige Repräsentanz des palästinensischen Volkes.

1974 (13. Nov.) Eine Rede Yassir Arafats vor der UN-Vollversammlung führt zu heftiger Kritik Israels und der USA an UNO-Generalsekretär Kurt Waldheim, der in Washington schon wegen seines Engagements für Anliegen der *Dritten Welt* in Ungnade gefallen war.

1974 (22. Nov.) UN-Vollversammlungs-Resolution mit Forderung nach Anerkennung des Rechts der Palästinenser auf nationale Souveränität und Unabhängigkeit.

1974 (23. Dez.) Die UNO gewährt der PLO einen Beobachterstatus.

1974 (Ende) Israels Handelsdefizit erreicht die bisherige Rekordhöhe von $ 3,5 Milliarden.

1975 (1. Jan.) Abkommen über einen deutsch-israelischen Jugendaustausch.

1975 (24. Jan.) Gründung der *Jerusalem Foundation Deutschland.*

1975 Israel wird assoziiertes Mitglied der EU.

1975 (April) Politische Spannungen zwischen Muslimen, Christen und Kurden im Libanon. Sie arten in den nächsten Jahren bis (1991) zu bewaffneten Konflikten aus. Israel unterstützt offen die christlichen Milizen. 1976 sichern syrische Truppen die nördlichen Gebiete, ihr Vormarsch nach Süden wird ultimativ durch Israel begrenzt.

1975 (Nov.) Die UN-Vollversammlung bezeichnet Zionismus als Rassismus und löst damit v. a. in Israel, in den USA und in Deutschland Proteste aus.

1976 (Ende März) In Galiläa hat sich der arabische Grundbesitz von ca. 90 % im Jahr 1949 auf ca. 15 % vermindert. Erneute umfangreiche Landenteignungen führen zu heftigen palästinensischen Demonstrationen, die durch israelische Truppen niedergeschlagen werden (6 Tote). Von da an begeht die palästinensische Bevölkerung Israels am 30. März jährlich den *Tag des Bodens*.

1976 (10. Sept.) Publikation des Allon-Plans zur Errichtung ständiger Wehrsiedlungen in der Jordansenke und an strategisch wichtigen Orten der Westbank. Damit gerät die regierende Arbeitspartei in der Behandlung der besetzten Gebiete auch offiziell auf eine Linie, die dem Rechtszionismus gegenüber keine Alternative mehr darstellt.

1976 (28. Okt.) Eine israelische Sondereinheit befreit in Entebbe/Uganda erfolgreich Geiseln nach einer Flugzeugentführung durch PLO-Mitglieder.

1976 Beginn der Demianuk-Affäre. Ein Journalist bringt aus der USSR Dokumente über einen ukrainischen KZ-Wachmann namens Iwan Demianuk mit. Man identifiziert ihn mit John Demianuk in Cleveland, dem darauf die US-Staatsbürgerschaft aberkannt wird. In Israel identifizieren ihn im Mai auf Grund einiger Fotos ehemalige KZ-Insassen als «Iwan den Schrecklichen» von Treblinka, und von da an wird seine Identität und Schuld nicht mehr hinterfragt (>1986).

1976 Der nordamerikanische Schriftsteller Saul Bellow (1915–2005) erhält den Nobelpreis für Literatur.

1977–1981 Jimmy Carter Präsident der USA. Unter seiner von persönlichem Verantwortungsbewußtsein gekennzeichneten Amtsführung ergibt sich die Chance einer Lösung des Nahostproblems.

1977 (4. Jan.) Yitzhak Rabin tritt als Ministerpräsident Israels zurück.

1977 (März) Libanons Drusenführer Kamal Dschumblat wird ermordet.

1977 (16. März) US-Präsident J. Carter erklärt, daß ein *Homeland* für die Palästinenser erforderlich und eine aktive Friedenspolitik nötig sei. Er hält aber nur leichte Korrekturen der israelischen Staatsgrenzen für möglich, was in Israel v. a. unter der Siedlerbewegung Besorgnis auslöst.

1977 (17. Mai) Wahlsieg des rechtszionistischen Likkud-Blocks unter Menachem Begin. Dieser sog. *mahpak* (Umbruch) beendet die Periode des

Pionierzionismus und zieht alsbald eine völlige Umwertung bisheriger historischer Beurteilungen nach sich. Mandate: Likkud 43; Nationalreligiöse 12; `Agudat Jisrael 5; Shinnuj (bürgerlich) 15; Ma`arak (Arbeiterpartei) 32; Kommunisten 5; Sonstige 8.

1977 (22./26. Mai) Menachem Begin bietet Moshe Dayan das Außenministerium an und verspricht ihm die Eröffnung eines Friedensprozesses.

1977 (20.6.) Menachem Begin wird Ministerpräsident Israels, Yitzhak Shamir wird Parlamentspräsident. Die Reaktionen sind geteilt. Vertreter des Pionierzionismus und Liberale sind bestürzt, desgleichen viele Regierungen. Doch in den USA begrüßen viele das neue rechts-bürgerliche Israel und den *neuen Zionismus*.

1977 (1. Okt.) Publikation einer sowjetisch-amerikanischen Erklärung zum Nahen Osten. Israel wird zum Rückzug aus den 1967 besetzten Gebieten und zur Respektierung der legitimen Rechte der Palästinenser aufgerufen. Es kommt zu scharfen jüdischen Reaktionen sowohl in Israel wie in den USA.

1977 (Okt.) In Washington wird ein Angriffsplan Israels gegen Syrien und Ägypten publiziert.

1977 (19.–21. Nov.) Besuch des ägyptischen Präsidenten Anwar as-Sadat in Jerusalem. Er bietet vor dem Parlament Israels Verhandlungen für eine Nahostfriedenslösung an und erbringt de facto als Vorleistung die Anerkennung der Waffenstillstandslinien von 1949 als Staatsgrenzen Israels. Bedingung ist der Rückzug aus allen besetzten Gebieten und die Zustimmung zu einem Palästinenserstaat.

1977 (25. Dez.) Konferenz von Ismailia. Da keine Einigung über die Palästinenserautonomie erreicht wird, kommt es zu Spannungen zwischen Israel und Ägypten.

1978 Bevölkerung Israels: 3 708 300 Einwohner, davon 590 100 Nichtjuden. Nur 10 000 Einwanderer. Arabischen Anschlägen fallen 57 Personen zum Opfer.

1978 Nobelpreis für Literatur an den US-amerikanischen jiddischen Schriftsteller Isaac Bashevis Singer (1904–1991).

1978–2005 Karol Woytiła als Papst Johannes Paul II. Obschon kirchenpolitisch konservativ, tritt er energisch für die weitere Verbesserung des Verhältnisses zum Judentum ein. Zugleich mahnt er aber auch die Konfliktparteien im Nahen Osten zu einer friedlichen Lösung und spricht sich auch sonst wiederholt gegen Krieg und Gewalt als Mittel der Politik aus.

1978 Beginn der *Holocaust*-Welle. Der englische Ausdruck *holocaust* (vom griechischen Wort für *Ganzbrandopfer*) wird zur Bezeichnung für die jüdische Katastrophe unter der NS-Herrschaft anstelle des hebräischen Ausdrucks *Shoah* (*šô'ah*, Unheil, Unglück). Die Sorge wegen einer allmählichen *Historisierung* des Geschehens führt zu umfangreichen und mannigfaltigen Bemühungen um eine Gedenkkultur, zur Gründung von Museen, Archiven und Forschungsstätten, und zur Einführung von akademischen *Holocaust-Kursen*, vor allem in den USA. In der Folge spricht man in jüdischen (und in christlichen) religiösen Kreisen von *Holocaust-Theologie* und in nichtreligiösen Kreisen entsteht eine *Holocaust-Ideologie*. Die *Holocaust*-Welle wird zu einem wirksamen, gesamtjüdisch Solidarität stiftenden Faktor.

1978 (22. Febr./31. März) 29. ZWK in Jerusalem. Ein Thema ist die Lage in den besetzten Gebieten und der Terrorismus sowie die zunehmende Isolierung Israels in der UNO. Ferner wird die Auswanderung von Juden aus der USSR und die Frage der Menschenrechte in den USSR diskutiert. Rege Debatten über den Wahlausgang am 17. Mai 1977 und den Besuch des ägyptischen Präsidenten in Jerusalem. Der Kongreß empfiehlt mehrheitlich die Gleichbewertung aller religiösen Richtungen im Rahmen der ZWO.

1978 (12./19. März) Ein palästinensischer Terroranschlag auf einen Touristenbus fordert 37 Tote. Am 14. März beginnt eine israelische Invasion im Süd-Libanon bis zum Litani-Fluß. In der Folge kommt es laufend zu Zwischenfällen. Am 19. März fordert die UN-Sicherheitsrats-Resolution 425 Israel zum Rückzug aus dem Libanon auf.

1978 (21. März) Menachem Begin verweigert in Washington jede Änderung seiner Politik.

1978 (8. April) In Israel formiert sich die Friedensbewegung *Šalôm 'akšaw*/*Peace Now*. Sie erreicht in den folgenden Jahren beachtlichen Zulauf, doch die westlichen Staaten unterstützen die rechtszionistischen Regierungen Israels.

1978 (20. April) Der sefardische sozialistische Politiker Jitzchak Navon wird zum Staatspräsidenten Israels gewählt und amtiert bis 5. Mai 1983.

1978 (20. Juni) Das israelische Parlament weist den USA-Friedensplan ab. Ezer Weizman wirft Begin vor, Kriegspolitik zu betreiben.

1978 (19. Juli) *Leeds Konferenz* der Außenminister Ägyptens, Israels und der USA. Moshe Dayan akzeptiert eine Regelung für die Westbank, ihr endgültiger Status soll innerhalb von 5 Jahren definiert werden. Diese Übereinkunft ermöglicht die folgenden Camp-David-Verhandlungen.

1978 (5.–12. und 17. Sept.) US-Präsident J. Carter erreicht in Camp David dank energischer und geschickter Verhandlungsführung ein Abkommen zwischen dem ägyptischen Präsidenten Anwar as-Sadat und Israels Ministerpräsident Menachem Begin. Ägypten erhält die Sinaihalbinsel etappenweise zurück und innerhalb von 5 Jahren soll eine autonome palästinensische Selbstverwaltung realisiert werden.

1978 (27. Okt.) Verleihung des Friedensnobelpreises an Menachem Begin und Anwar as-Sadat.

1978 (23. Dez.) Ägyptisch-israelische Gespräche in Brüssel. Ägypten macht Zugeständnisse und begnügt sich bei bestimmten Themen mit einseitigen Zusatzerklärungen seinerseits anstelle verbindlicher Regelungen. Diese Konzession erhärtet in arabischen Kreisen den Verdacht, daß ein Sonderfriede geschlossen wurde.

1979 (16. Jan.) Sturz des Schah von Persien und Beginn der islamischen Revolution im Iran.

1979 (21. Febr.) Gespräche in Camp David (II) über die besetzten Gebiete scheitern.

1979 (22. Febr.) Vorwürfe der UNO-Menschenrechtskommission wegen Israels Besatzungspolitik und Verhörpraktiken.

1979 (1.–8. März) Menachem Begin verhandelt in Washington erfolgreich mit Präsident Carter. Die USA stellen eine erhöhte Militärhilfe, eine strategische Kooperation und eine Erhöhung der US-Wirtschaftshilfe in Aussicht. In den folgenden Jahren vervielfachen sich die Zuwendungen der USA an den Staat Israel.

1979 (22. März) UN-Sicherheitsrats-Resolution 446: Feststellung der Unrechtmäßigkeit der durch Israel in den besetzten Gebieten (einschließlich Ostjerusalem) vorgenommenen Statusänderungen und Siedlungsbauten, die als Hindernis für eine Friedenslösung bezeichnet werden. Aufforderung zur Beachtung der 4. Genfer Konvention. Einsetzung einer Untersuchungskommission.

1979 (26. März) Unterzeichnung des ägyptisch-israelischen Friedensabkommens in Washington. Ägypten erhält die gesamte Sinaihalbinsel zurück. Die Ratifikationsurkunden werden am 25. April ausgetauscht. US-Präsident Carter bietet den Palästinensern direkte Gespräche für weitere Regelungen an.

1979 (5. Mai) Israel räumt El Arish. Beginn von Verhandlungen über die Palästinenserautonomie.

1979 (15–17. Juni) Israel verstärkt den Siedlungsbau in den besetzten Gebieten und entfacht eine Kampagne gegen die US-Regierung.

1979 (8. Juli) Willy Brandt, Bruno Kreisky und Yassir Arafat beraten in Wien die Nahostfrage.

1979 (21. Okt.) Außenminister Moshe Dayan tritt aus Protest gegen Begins Blockierung des Friedensprozesses zurück.

1979 (4. Nov.) Iranische Studenten besetzen die US-Botschaft in Teheran und halten das Personal bis 20.1.80 als Geiseln. Das Scheitern ihrer Befreiung schadet dem Prestige des US-Präsidenten J. Carter.

1979 (Dez.) Invasion der USSR in Afghanistan. Die USA (und Israel) unterstützen zusammen mit autoritären arabischen Monarchien die islamischen Widerstandskämpfer (Taliban).

1980–82 Erstmals übersteigt in Israel die Anzahl der Abwanderer (*jôr^{e}dîm* jene der Einwanderer (*`ôlîm*) um ca. 9000. Israels Wirtschaft gerät erneut in Bedrängnis, die Inflation steigt auf 133 %, das Handelbilanzdefizit beträgt 2,58 Mrd. Dollar.

1980 (1. März) Einstimmige (!) UN-Sicherheitsrats-Resolution 465: Nach Erörterung des Kommissionsberichts über die Lage in den besetzten Gebieten wird erneut jede Veränderung hinsichtlich Status und Bevölkerung für unrechtmäßig erklärt und als Hindernis für eine Nahost-Friedenslösung bezeichnet. Aufforderung zur Auflösung der errichteten Siedlungen.

1980 (9. März) Yitzhak Shamir wird Außenminister Israels.

1980 (26. Mai) Verteidigungsminister Ezer Weizman tritt aus Protest gegen Begins Politik zurück. Begin will Shamir als Nachfolger ernennen, aber General Ariel Sharon protestiert und so übernimmt Begin das Ressort vorerst selbst.

1980 (Juni) In Israel kommt es erneut zu Auseinandersetzungen über die Affäre Kasztner (>1954/55).

1980 (2. Juni) Israelische Attentate auf die palästinensischen Bürgermeister von Nablus, Ramallah und Al-Bireh verursachen einen Generalstreik auf der Westbank.

1980 (3. Juni)–1988 1. Golfkrieg. Der Westen unterstützt den Irak gegen den Iran, aber die USA und Israel beliefern auch den Iran mit Kriegsmaterial und unterstützen kurdische Aufständische im Irak.

1980 (5. Juni) UN-Sicherheitsrats-Resolution 471: Besorgnis über die Bewaffnung der jüdischen Siedler in den besetzten Gebieten und über Übergriffe gegen die palästinensische Bevölkerung. Verurteilung der Attentate auf palästinensische Bürgermeister. Forderung nach Beachtung der 4. Genfer Konvention und Betonung der Notwendigkeit einer Beendigung der Besetzung.

1980 (5. Juni) UN-Sicherheitsrats-Resolution 605: Neuerliche Verurteilung der israelischen Maßnahmen in den besetzten Gebieten, insbesondere des Waffengebrauchs gegen Zivilisten. Erneute Forderung nach Beachtung der 4. Genfer Konvention.

1980 (13. Juni) Eine Nahost-Erklärung der neun EU-Regierungen in Venedig zugunsten eines Palästinenserstaates verärgert die Regierung Israels.

1980 (22. Juni) «Gesetzliche Maßnahmen für im Rahmen humanitärer Hilfsaktionen aufgenommene Flüchtlinge». Unter diesem Titel gewährt die Bundesrepublik Deutschland auch zwei privilegierten Klassen von Einwanderern (*Kontingentflüchtlingen*) Aufnahme, nämlich Personen mit deutschen Vorfahren und Personen jüdischer Abstammung.

1980 (22.–27. Juli) Die UN-Vollversammlung verabschiedet eine Erklärung zu Palästina.

1980 (23. Juli) Gesetz zur Vereinigung Jerusalems als «ewiger Hauptstadt des Staates Israel». In den USA stimmt die Mehrheit der Parlamentarier zu.

Der UN-Sicherheitsrat verurteilt das Jerusalem-Vereinigungsgesetz am 21. Aug. aber bei Stimmenthaltung der USA.

1980 (18. Dez.) Die UN-Vollversammlung spricht sich fast einstimmig gegen Israels Palästinapolitik aus.

1981 Der Geschäftsmann Edgar M. Bronfman wird Präsident des *World Jewish Congress*, Israel Singer Generalsekretär. Stil und Zielsetzungen der Organisation ändern sich in der Folge deutlich.

1981 Die Inflationsrate in Israel beträgt 102 %, das Handelsbilanzdefizit 2,52 Milliarden. 13 300 Einwanderer gelangen nach Israel und in den besetzten Gebieten leben 24 000 Siedler.

1981 (10.–11. April) Israelischer Angriff im Südlibanon.

1981 (7. Juni) Die israelische Luftwaffe zerstört einen im Bau befindlichen irakischen Atomreaktor in Tamuz. Der UN-Sicherheitsrat verurteilt am 16. Juni das Bombardement zwar einstimmig, aber die USA verhindern Sanktionen.

1981 (27. Juni) Die USA, Ägypten und Israel unterzeichnen in London ein Abkommen über eine Sinai-Friedenstruppe.

1981 (30. Juni) Parlamentswahlen in Israel. Mandate: Likkud 48; Techijjah 3; Nationalreligiöse 6; TAMI 3; \`Agudat Jisrael 4; Shinnuj 2: Telem (M. Dayan) 2: Ma\`arak 47: Kommunisten 4; Bürgerrechtsliste 1.

1981 (11.–17. Juli) Mindestens 139 Tote bei israelischen Luftangriffen auf Beirut. US-Außenminister Haig fordert von Israel Konsultationen vor jeder Militäraktion mit Einsatz amerikanischer Waffen.

1981 (26. Juli) Beginn eines anhaltenden Waffenstillstands zwischen Israel und der PLO. Die bislang als terroristisch verschriene PLO wird dadurch aber international so aufgewertet, daß es Israels Regierung irritiert. Sie unterstützt daher als erste Gegenmaßnahme die mit der PLO rivalisierende *Hamas*-Bewegung, die sich bislang in den palästinensischen Flüchtlingslagern v. a. um soziale und pädagogische Belange gekümmert hatte.

1981 (28. Aug.) Ein Attentat auf die Wiener Synagoge verändert schlagartig die Sicherheitslage für die Juden in Österreich.

1981 (16. Sept.) Eine Unterredung zwischen US-Außenminister Haig und Menachem Begin am Flughafen New York endet mit Differenzen.

1981 (6. Okt.) Ermordung des ägyptischen Präsidenten Anwar as-Sadat. Nachfolger wird am 14. Okt. Hosni Mubarak.

1981 (6. Nov.) Ronald Reagan Präsident der USA. In Israel wird das Ende der Ära Carter mit Befriedigung registriert.

1981 (14. Dez.) Das Parlament Israels beschließt die endgültige Annexion der Golanhöhen.

1982 Bevölkerungsstatistik: Juden weltweit insgesamt mindestens 13 Millionen. Nordamerika 6 000 000; Israel 3 374 000; Westeuropa 1 070 000; Osteuropa mindestens 1 770 000; Lateinamerika mindestens 465 000; Südafrika 120 250. Aus Israel wandern 8650 Personen ab. Trotz hoher US-Zuwendungen kommt es zu einer ernsten Budgetkrise in Israel. Die Gesamtverschuldung steigt von 400 Millionen $ im Jahr 1973 auf mehr als 13 Milliarden $ im Jahr 1982. Die Schulden- und Zinslast erreicht 33 % des Budgets, die Inflationsrate beträgt 133 %. Israel steht in der Weltrangliste der waffenexportierenden Staaten an 7. Stelle.

1982 (25./26. Jan.) US-Außenminister Haig auf Nahostreise. Die PLO spricht sich für Verhandlungen mit Israel aus.

1982 (10. Febr.) Jüdische Organisationen in den USA plädieren für Gespräche mit der PLO.

1982 (März) Nachrichten über umfangreiche Waffenlieferungen Israels an den Iran.

1982 (4. April) In Paris wird ein israelischer Diplomat erschossen. Ariel Sharon interpretiert das als Bruch des Waffenstillstandes. Der Papst veröffentlicht einen Nahost-Friedensappell.

1982 (25. April) Vollständige Räumung der Sinaihalbinsel und Rückgabe an Ägypten durch Israel (bis auf Taba).

1982 (13./14. Mai) Konzentration israelischer Truppen an der Grenze zum Libanon. Begin erklärt den Waffenstillstand mit der PLO für beendet.

1982 (4. Juni) Israels Botschafter S. Argov wird in London ermordet. Israel nimmt das Attentat zum Anlaß, in Kooperation mit christlichen Falange-Truppen den Libanon unter Kontrolle zu bringen. Die internationale Lage ist günstig, denn im Westen kommt es zur Falkland-Krise, in Osteuropa zur Polenkrise. Die israelische Luftwaffe beginnt mit Angriffen auf Beirut.

1982 (6. Juni)–1983 (4. Sept.) Libanon-Krieg «Friede für Galiläa». Verteidigungsminister Ariel Sharon verspricht Ministerpräsident Begin eine begrenzte Aktion, läßt die Truppen aber bis Beirut vorrücken, Beirut belagern und kontinuierlich beschießen und bombardieren. Die erhofften Erfolge der Falangisten treffen aber nicht ein und Israels Truppen stoßen auf überraschend starken Widerstand.

1982 (6./7. Juni) Der UN-Sicherheitsrat fordert einstimmig den bedingungslosen Rückzug der israelischen Truppen. US-Beauftragter Philip Habib reist in den Nahen Osten. Im Tschad bricht ein Bürgerkrieg aus.

1982 (8. Juni) Eine erneute UN-Sicherheitsrats-Resolution mit Rückzugsforderung scheitert am Veto der USA.

1982 (10. Juni) Deklaration der 16 NATO-Regierungschefs in Bonn.

1982 (14./15. Juni) König Khaled von Saudiarabien stirbt, Nachfolger wird sein Bruder Fahd.

1982 (15. Juni) Israel erobert Tyrus und Sidon.

1982 (16–19. Juni) Nahostdeklaration in Wien: Frankreichs Staatspräsident Mitterand und Österreichs Bundeskanzler Bruno Kreisky fordern den Rückzug Israels.

1982 (19. Juni) Präsident Mitterand empfängt in Paris Yitzhak Shamir und den Palästinenservertreter M. Khadoumi.

1982 (21. Juni) Menachem Begin bei Präsident Reagan.

1982 (24. Juni) Die UN-Generalversammlung fordert Israels Rückzug (Gegenstimmen: USA und Israel).

1982 (25. Juni) Differenzen in der US-Administration. US-Außenminister Haig wird durch M. G. Schultz ersetzt. Beirut wird von Israelis und Falangisten eingekesselt.

1982 (28.–29. Juni) Kritische Stellungnahme des EU-Ministerrats zum Libanonkrieg.

1982 (22. Juli) Neue Offensive Israels bei Beirut und im Beqa`-Tal.

1982 (9. Aug.) Nahum Goldmann kritisiert mit scharfen Worten die Politik der USA und Israels.

1982 (11. Aug.) Der US-Beauftragte Habib muß in Beirut die entscheidenden Schlußverhandlungen mit der PLO wegen schwerer israelischer Luftangriffe und Artilleriebeschuß auf Beirut bis 13. Aug. unterbrechen.

1982 (23. Aug.) Der Anführer der israelfreundlichen Falangisten Gemayel wird libanesischer Präsident.

1982 (25. Aug.) Amerikanische Marines gehen in Beirut an Land.

1982 (28. Aug.–4. Sept.) Die PLO-Truppen (ca. 13000 Mann) verlassen auf Grund einer US-Vermittlung und im Einvernehmen mit Syrien West-Beirut, v. a. in Richtung Tunis.

1982 (1. Sept.) Der Reagan-Plan zur Nahostlösung wird von Israel zurückgewiesen. Er sah vor, daß sich Israel und Jordanien über die Westbank einigen.

1982 (6. Sept.) In Israel kommt es zur bislang größten Friedensdemonstration.

1982 (9. Sept.) Nahostfriedensplan der arabischen Gipfelkonferenz in Fez.

1982 (14. Sept.) Der libanesische Präsident Bashir Gemayel wird ermordet. Sein Bruder Amin folgt ihm (bis 1988) im Amt.

1982 (16./19. Sept.) Massaker in den palästinensischen Flüchtlingslagern Sabra und Shatila im Libanon. Innerhalb von 36 Stunden erschießen christliche Falangisten über 2000 Männer, Frauen und Kinder, während israelische Truppen die Umgebung absperren und Flüchtende zurücktreiben. Der UN-Sicherheitsrat verurteilt am 19. Sept. das Massaker in den Flüchtlingslagern. Israels Armee zieht sich aus West-Beirut zurück.

1982 (1. Okt.) Helmut Kohl löst Helmut Schmidt als Bundeskanzler der Bundesrepublik Deutschland ab.

1982 (Dez.) 30. ZWK in Jerusalem. Das Verhältnis zwischen ZWO und *Jewish Agency* steht erneut zur Diskussion und soll in den kommenden Jahren entschieden werden (*Herzliya Prozeß*). Stürmische Debatten ohne Einigung über die Siedlungen in den besetzten Gebieten. Die Rechtszionisten erringen bedeutende Positionen.

1982 (30. Dez.) Beginn israelisch-libanesischer Verhandlungen.

1983 (10. Febr.) *Peace Now*-Aktivist Emil Grunzweig wird während einer Demonstration am Zion Square in Jerusalem von einem Rechtsextremisten ermordet. Der Vorfall löst heftige innenpolitische Kontroversen aus.

1983 (11. Febr.) Ariel Sharon tritt als Verteidigungsminister Israels zurück. Sein Verhalten im Zusammenhang mit den Massakern im Libanon wird Gegenstand einer Untersuchung. Nachfolger wird Moshe Arens.

1983 (10. April) Issam Sartoul, ein Mitarbeiter Arafats, wird in Albufeira (Portugal) ermordet.

1983 (5. Mai)–1993 (13. Mai) Chaim Herzog Staatspräsident Israels.

1983 (17. Mai) Ein israelisch-libanesischer Friedensvertragstext wird von der USSR, von Syrien und der PLO abgelehnt und in der Folge auch nicht ratifiziert.

1983 (26. Juli) Ein israelisches Attentat auf eine islamische Bildungseinrichtung in Hebron verursacht 3 Tote und 33 Verletzte und führt zu Unruhen an der Bir Zait-Universität.

1983 (29. Aug.–7. Sept.) Palästina-Konferenz der UNO in Genf.

1983 (3.–4. Sept.) Israelischer Rückzug auf Awali-Linie im Libanon.

1983 (15. Sept.) Menachem Begin tritt als Ministerpräsident und als Parteichef zurück. Nachfolger wird Yitzhak Shamir.

1983 (6. Okt.) Bundeskanzler Kohl besucht Jordanien, Ägypten, Saudi-Arabien. Ein geplantes Waffengeschäft mit Saudi-Arabien veranlaßt die Regierung Israels zu weitreichenden Forderungen.

1983 (10. Okt.) Yitzhak Shamir präsentiert seine Regierung. Am selben Tag muß die Börse in Tel Aviv auf dem Höhepunkt einer Krise vorübergehend geschlossen werden. Am 13. Okt. tritt Finanzminister Aridor zurück. Israels Auslandsschulden erreichen mit 18,6 Milliarden $ einen neuen Höchststand, und zum 31. März werden 2,9 Milliarden $ fällig.

1983 (23. Okt.) Ein Autobombenanschlag in Beirut fordert 299 Tote unter der US-Truppe, die daraufhin abgezogen wird. Am 25. Okt. beginnt eine Invasion der USA auf Grenada.

1983 (3. Nov.) Reagan ernennt Donald Rumsfeld zum Sonderbeauftragten für den Nahen Osten anstelle von Robert McFarlaine.

1983 (4. Nov.) Ein Bombenattentat auf ein Fahrzeug im Süd-Libanon fordert 32 Tote. Ein palästinensisches Selbstmordkommando vernichtet ein israelisches Militärkommando bei Tyrus (61 Tote). Israels Luftwaffe fliegt Vergeltungsangriffe auf Ziele im Libanon.

1983 (24. Nov.) Israel entläßt über 4000 palästinensische Gefangene in den Libanon.

1983 (28./29. Nov.) Abkommen zwischen USA und Israel betr. einer strategischen Kooperation. Damit legen sich die USA in ihrer Nahostpolitik einseitig auf Israel als Hauptbündnispartner im Nahen Osten fest.

1983 (16. Dez.) Israelische Kriegsschiffe belagern den Hafen von Tripoli und beschießen PLO-Stellungen.

1984 (3. Jan.) Israelische Luftangriffe im Libanon.

1984 (17. Jan.) Die Regierung Israels erläßt verschärfte Devisenbestimmungen. Die Inflationsrate steigt auf 190 %.

1984 (24.–29. Jan.) Bundeskanzler Kohl zu Besuch in Jerusalem. Israels Regierung übt harsche Kritik am Waffengeschäft mit Saudi-Arabien und konfrontiert die Bundesrepublik mit weitreichenden Forderungen. Attentat im Martin-Buber-Institut für Judaistik der Universität zu Köln gegen drei nichtjüdische Hochschullehrer für Judaistik; einer wird leicht, einer tödlich verletzt.

1984 (19. Febr.) Israelische Luftangriffe auf Beirut.

1984 (5. März) Israelische Polizisten verhaften in Jerusalem jüdische Extremisten und decken ein terroristisches Netzwerk auf.

1984 (12. März) Beginn der Libanon-Konferenz von Lausanne.

1984 (Mai/Juni) Die israelische Polizei greift weiter gegen jüdische Terroristen durch. Am 18. Juni beginnt ein Prozeß gegen 22 Angeklagte. Die Zahl jüdischer Anschläge geht nun auch außerhalb Israels zurück.

1984 (23. Juli) Parlamentswahlen in Israel. Ergebnis in Mandaten: Likkud 41; Techijjah 5; Kach 1; Nationalreligiöse 4; TAMI 1; Agudat Jisrael 2; ShaS 4; Morashah 2; Shinnuj 3; `Ometz 1; Jachad 3; Ma`arak 44; Kommunisten 4; Friedensliste 2; Bürgerrechtsliste 3.

1984 (13. Sept.) Die Pattsituation bei der Mehrheitsbildung führt in Israel zu einer Regierung der großen Koalition, die erste Hälfte der Legislaturperiode unter Shimon Peres, die zweite unter Yitzhak Shamir als Ministerpräsidenten. Die Rivalitäten zwischen Shimon Peres und Yitzhak Rabin halten zum Nachteil der Arbeitspartei an. Die USA springen mit zusätzlichen 4,5 Mrd. $ ein, um die katastrophale Finanzlage des Staates Israel zu entlasten, verlangen jedoch ein Sparbudget. Folglich werden soziale Leistungen gekürzt, was in der Bevölkerung Unmut auslöst.

1985 (5. Jan.) Beginn einer Luftbrückenaktion zum Transfer der Juden Äthiopiens (Falaschas) nach Israel.

1985 (7. Jan.) Beginn eines israelischen Teilrückzugs aus dem Libanon und Einrichtung einer «Sicherheitszone» an der Grenze unter der Kontrolle einer christlichen Miliz.

1985 (27. Febr.) Gegen Ende Februar flammt erneut jüdische Kritik an der deutschen Bundesregierung wegen des Waffengeschäfts mit Saudi-Arabien auf und Yitzhak Shamir besucht Bonn.

1985 (8. April) Beginn der Kampagne wegen der geplanten Kranzniederlegung Bundeskanzler Kohls und Präsident Reagans am Soldatenfriedhof in Bitburg zum vierzigsten Jahrestag des Kriegsendes.

1985 (20. April) Der Abschluß eines Freihandelsabkommen mit den USA verschafft dem EU-assoziierten Staat Israel eine außergewöhnlich vorteilhafte Position.

1985 (8. Mai) Eine Rede des deutschen Bundespräsidenten Richard von Weizsäcker wird weltweit positiv gewertet.

1985 (16. Mai) Skandal in den USA wegen illegaler Elektronikexporte nach Israel.

1985 (12. Juli) Luxemburg wird als Uran-Umschlagplatz für Israel aufgedeckt.

1985 (1. Aug.) Parlamentsbeschluß in Jerusalem: Israel wird nicht mehr als *ein jüdischer Staat* definiert, sondern als *der Staat des jüdischen Volkes.*

1985 (Sept.) Das Parlament Israels beschließt auf dem Hintergrund der terroristischen Vorfälle in Verbindung mit der fundamentalistisch-rechtsextremen *Kach*-Bewegung Meir Kahanes (*Jewish Defense Leage*) ein Gesetz, das einerseits die Zulassung rassistischer Parteien für die Wahlen unterbindet, andrerseits auch nur Parteien zuläßt, die den Staat Israel als *Staat des jüdischen Volkes* anerkennen, was für die nichtjüdischen Minderheiten einschneidende Folgen hat.

1985 (Sept./Nov.) Mordechai Vanunu, 1976–1985 Mitarbeiter am israelischen Atomkraftwerk Dimona (>1955), präsentiert in London Beweise für die Atomwaffenproduktion Israels (ca. 200 Atomsprengköpfe). Eine Agentin des israelischen Geheimdienstes lockt ihn nach Rom, von wo er nach Israel entführt und zu 18 Jahren Haft verurteilt wird.

1985 (1. Okt.) Israelischer Luftangriff auf das PLO-Hauptquartier in Tunis zur Ausschaltung der PLO-Führung, doch waren Arafat und andere hohe Funktionäre nicht anwesend. Ein jüdischer Angestellter der US-Marine namens J. Pollard ermöglichte es, daß die US-Streitkräfte im Mittelmeer den Angriff nicht wahrnahmen. Pollard wird am 21.11.86 verhaftet und danach zu lebenslanger Haft verurteilt. Der Fall erregt heftige Auseinandersetzungen über die Frage der doppelten Loyalität.

1985 (Okt.) Ministerpräsident Shimon Peres spricht sich vor der UN-Vollversammlung für eine Nahostkonferenz aus, bei der PLO-Vertreter als Teil der Delegation Jordaniens teilnehmen sollen.

1985 (Okt./Nov.) In Frankfurt a. M. kommt es zu einem Theater-Skandal um das Schauspiel *Der Müll, die Stadt und der Tod* von Rainer Werner Fassbinder.

1985 (8.–11. Nov.) Besuch des deutschen Bundespräsidenten Richard von Weizsäcker in Israel.

1985 (27. Nov.) Antiisraelische Terroranschläge auf den Flughäfen Wien und Rom.

1986/7 In den USA gerät die Regierung wegen der sog. Irongate-Iran-Contras-Affäre in Bedrängnis. Israel ist mit involviert und kommt zudem mit seiner Atomrüstung ins Gerede.

1986 (4. Febr.) Israel fängt ein Passagierflugzeug auf dem Flug von Libyen nach Syrien ab.

1986 (19. Febr.) Beginn neuer israelischer Militäraktionen im Südlibanon.

1986 (28. Febr.) Der schwedische Ministerpräsident Olof Palme wird unter ungeklärten Umständen ermordet.

1986 (3./4. März) Beginn der *Waldheim-Affäre*. Eine zunächst innerösterreichische, überspitzt polemische Wahlkampf-Kontroverse zwischen SPÖ und ÖVP wird in den USA aufgegriffen. Der ehemalige UNO-Generalsekretär wird beschuldigt, als Wehrmachtsoffizier an Kriegsverbrechen am Balkan beteiligt gewesen zu sein. Der *World Jewish Congress* setzt die Kampagne – mit massiver Medienunterstützung – fort, doch die Beschuldigung stellt sich als falsch heraus, was im österreichischen Nationalrat schließlich auch die SPÖ anerkennt. Trotz aller Peinlichkeiten auf Seiten aller Beteiligten ergab sich als positive Folge der Kontroverse in Österreich selbst eine kritischere Beschäftigung mit der Vergangenheit und die Bereitschaft zu einer längst fälligen Bereinigung offener Entschädigungsfragen.

1986 (9. April) Bankenkrise in Israel. Rücktritt des Finanzministers Modai.

1986 (15. Mai) Die USA warnen Syrien und Israel vor einem Krieg.

1986 (Sept.) Ein blutiges Attentat auf die Synagoge in Istanbul erregt weltweit Empörung.

1986 (14. Okt.) Friedens-Nobelpreis für Elie Wiesel.

1986 (21. Nov.) In den USA werden die Gerüchte um das Iran-Waffengeschäft bestätigt und diskutiert. Präsident Reagan bestreitet jede Kenntnis der Vorgänge. Die Kontroversen ziehen sich ins Jahr 1987 weiter; Israel ist mit verwickelt.

1986 (Dez.)–1987 (Jan.) Ein New Yorker Insider-Skandal setzt jüdische Finanzkreise in ein ungünstiges Licht.

1986 (4. Juli) Gründung der deutsch-israelischen Stiftung für wissenschaftliche Forschung und Entwicklung (GIF).

1986 (28. Sept.) Die USA liefern John Demianuk (>1976) an Israel aus, wo eine Art zweiter Eichmann-Prozeß vorbereitet wird.

1986 (28. Nov.) Postenwechsel in Israel: Yitzhak Shamir wird Ministerpräsident, Shimon Peres Außenminister.

1987–1989 Laufende Einwanderung von Juden aus der USSR nach Berlin.

1987 Die anfangs von Israel gegen die PLO unterstützte Hamas bildet eine bewaffnete Widerstandstruppe, wird in der ersten und zweiten Intifada zur schärfsten Gegnerin der waffentechnisch weit überlegenen israelischen Besatzungmacht und trägt den Terror immer wieder in israelisches Gebiet, meist gegen zivile Ziele.

1987 (19. Febr.) Yitzhak Shamir in Washington. Es gibt Differenzen bezüglich einer Nahostkonferenz; das Ergebnis veranlaßt König Hussein, am 25. Febr. seinen geplanten USA-Besuch abzusagen.

1987 (6.–10. April) Israels Staatspräsident Chaim Herzog besucht Deutschland.

1987 (27. April) PLO-Kongreß in Algier. Arafat wird als Vorsitzender wiedergewählt. Eine Rede des österreichischen Altbundeskanzlers Kreisky auf dem PLO-Kongreß erregt Aufsehen. US-Justizminister Meese setzt Kurt Waldheim auf die *watch-list*.

1987 (April/Mai) Londoner Geheimgespräche zwischen Israels Außenminister Peres und König Hussein wegen einer eventuellen Nahostkonferenz. Israels Regierungsmehrheit lehnt nun aber eine Konferenz ab.

1987 (Juni) Rashid Karami, Altministerpräsident Libanons, wird ermordet.

1987 (10./13. Aug.) Der Sohn des iranischen Revolutionsführers Chomeini verhandelt in Genf über Waffenkäufe in den USA.

1987 (5. Sept.) Israelische Luftangriffe auf Sidon.

1987 (Dez.) Die israelische Presse berichtet über Waffenlieferungen Israels an den Iran über Schweden.

1987 (8. Dez.) Beginn der (Ersten) Intifada, getragen von palästinensischen Jugendlichen, die in den besetzten Gebieten israelische Soldaten und jüdische Siedler mit Steinwürfen und Steinschleudern angreifen. Auf den völlig unerwarteten aktiven Widerstand reagieren Israels Sicherheitskräfte unverhältnismäßig hart, bis Ende 1990 werden über 1000 Kinder und Jugendliche von israelischen Sicherheitskräften durch Schüsse tödlich getroffen, drei- bis viermal soviele verwundet, über 10 000 Personen ohne Begründung festgehalten.

1987 (6.–10. Dez.) 31. ZWK in Jerusalem. Wiederaufnahme der Erörterung des Verhältnisses ZWO – Judentum – Staat Israel ohne konkrete Entscheidungen. S. Dinitz wird Vorsitzender der *Jewish Agency*.

1988 (30. März) US-Medien berichten über Israels Verstrickung in die Iran-Contra-Affäre.

1988 (16. April) Israelische Agenten verüben in Tunis ein Attentat auf den stellvertretenden PLO-Vorsitzenden.

1988 (Mai) Israel lehnt eine gemeinsame israelisch-amerikanische Kommission zur Untersuchung von Menschenrechtsverletzungen in den besetzten Gebieten ab.

1988 (28./30. Juni) Raketenabwehr-Abkommen zwischen Israel und USA.

1988 (31. Juli) Jordanien verzichtet zugunsten der PLO auf die Wahrnehmung der palästinensischen Interessen.

1988 (Aug.) Auf dem Staatsgebiet Israels leben nun 4 455 000 Einwohner, davon 82 % Juden. Die Bevölkerung Jerusalems beträgt ca. 500 000, die von Tel Aviv 318 000, die Haifas 233 000.

1988 (Okt.) Israels Oberster Gerichtshof schließt die Partei des Rabbiners Meir Kahane wegen *Rassismus* von den bevorstehenden Wahlen aus.

1988 (Nov.) Der 19. palästinensische Nationalkongreß anerkennt förmlich das Existenzrecht Israels.

1988 (1. Nov.) Parlamentswahlen in Israel. Ergebnis in Mandaten: Likkud 40; Techijjah 3; Tzomet 2; Moledet 2; ShaS 6; Nationalreligiöse 5; ʿAgudat Jisrael 5; Degel ha-Torah 2. Arbeitspartei 49; MAPAM 3; RaTz 5; Shinnuj 3; RaQaCh 4; Progressive Friedensliste 1; Arabisch-demokratische Partei 1. Regierungsbildung mit Beteiligung der Arbeitspartei unter Ministerpräsident Yitzhak Shamir. Verteidigungsminister wird Yitzhak Rabin.

1988 (10. Nov.) Während der Rede des Präsidenten des Deutschen Bundestages, Dr. Philipp Jenninger, zum 50. Jahrestag der *Reichskristallnacht* (9. Nov. 1938) kommt es zu einem Eklat. Manche unterstellen der inhaltlich nicht zu beanstandenden Rede im Nachhinein Verharmlosung des Nationalsozialismus, andere sprechen von mangelnder Rücksichtnahme auf die Opfer oder von rhetorischer Ungeschicklichkeit. Angesichts der lawinenartig anwachsenden negativen Medienreaktionen wird Jenninger zur Vermeidung weiterer Kontroversen zum Rücktritt veranlaßt.

1988 (7./14. Dez.) Die UN-Vollversammlung in Genf verurteilt Israel. Arafat trifft sich in Schweden mit amerikanisch-jüdischen Repräsentanten. Die PLO anerkennt das Existenzrecht Israels und die UN-Resolutionen 242 und 338. Die Rede Arafats am 13. Dez. und weitere Erklärungen seinerseits führen dazu, daß die USA die PLO am 16. Dez. als Gesprächspartner akzeptieren.

1988 (22. Dez.) Yitzhak Shamir bildet eine große Koalitionsregierung.

1989–1993 George Bush Präsident der USA.

1989 ff. Juden wandern massenhaft aus den Gebieten der Sowjetunion aus, fast 1 Million nach Israel, wo sie eine eigene, rechts stehende und palästinenserfeindliche Partei gründen.

1989 (1. März) Rechtszionistische Stimmengewinne bei Gemeinderatswahlen in Israel. In Jerusalem erreichen die religiösen Parteien über 30 % der Stimmen.

1989 (2. April) Yassir Arafat wird zum Vorsitzenden einer provisorischen Palästinenserregierung und zum künftigen Staatspräsidenten gewählt.

1989 (Mai) Großmufti Sheikh Hasan Khalid, Libanons Sunniten-Oberhaupt, wird durch eine Autobombe in Beirut ermordet (insgesamt 22 Tote und 80 Verwundete).

1989 (30. Juni) Die USA suspendieren Gespräche mit der PLO wegen palästinensischer Terroranschläge.

1989 (6. Juli) UN-Sicherheitsrats-Resolution 636: Verurteilung der Abschiebung mißliebiger Palästinenser durch Israel.

1989 (Juli) In London wird der jüdisch-iranische Kaufmann Gawwad Nagdi wegen Elektronik- und Waffenschmuggel für den Iran unter höchster Geheimhaltung verhaftet und an die USA ausgeliefert.

1989 (28. Juli) Ein israelisches Kommando entführt einen prominenten Hizbollah-Mullah aus dem Libanon.

1989 (9. Nov.) Fall der Berliner Mauer. Die deutsche Bundesregierung gerät angesichts der sich überstürzenden Ereignisse unter Zugzwang. Der WJC hatte zuvor energisch gegen eine Wiedervereinigung Deutschlands Stellung genommen und WJC-Präsident E. Bronfman Ostberlin noch demonstrativ besucht. Nach einem Schreiben des Bundeskanzlers Helmut Kohl an Ministerpräsident Yitzhak Shamir am 1. Dez. kommt es zur Zustimmung Israels, die Deutschland nachhaltig verpflichtet.

1989 (22. Nov.) Libanons maronitischer, aber prosyrischer Präsident René Mu`awad wird durch einen Bombenanschlag ermordet.

1989 (25. Nov.) Tod des Historikers Salo W. Baron. Er schuf nach Heinrich Graetz und Simon Dubnow die dritte und aktuellste große Darstellung der jüdischen Geschichte (18 Bände): *A Social and Religious History of the Jews*.

1990 (29. Jan.–4. Juli) Gespräche zwischen BRD und DDR in Kopenhagen über offene Entschädigungsfragen im Zusammenhang mit der Shoah.

1990 (Febr.) Es stellt sich heraus, daß John Demianuk (>1976; >1986) nicht *Iwan der Schreckliche* ist. Der großangelegte «zweite Eichmannprozeß» platzt.

1990 (Febr.) Ostberliner *Runder Tisch* zur Erörterung der Einwanderung von Juden aus Osteuropa. Mit dem Einigungsvertrag waren die Bedingungen ungünstiger geworden und man sucht nach einer unbürokratischen Lösung. Als Problem erweist sich, daß für die Einwanderungszusage bisher der Nachweis eines jüdischen Elternteils genügt, was traditionellem jüdischem und israelischem Recht widerspricht.

1990 (März) Außenminister James Baker scheitert mit seinen Vermittlungsversuchen an der Haltung der israelischen Regierung.

1990 (5. April) Die frei gewählte Volkskammer der DDR bekennt sich zur Verantwortung der Deutschen in der DDR für ihre Geschichte und die Shoah.

1990 (31. Mai) USA-Veto im Sicherheitsrat gegen UNO-Beobachter für die besetzten Gebiete. Begründung: die Anwesenheit der Beobachter könnte Unruhen hervorrufen.

1990 (25.–27. Juni) Bundestagspräsidentin Rita Süßmuth und Volkskammerpräsidentin S. Bergmann-Pohl besuchen Israel.

1990 (2. Aug.) Irakische Invasion in Kuweit. Die Palästinenser erklären ihre Solidarität mit dem Irak und verlieren damit politisch sehr viel an Boden. Arafat wird in den USA zur Unperson.

1990 (Okt.) Dany Chamoun, Chef der Nationalliberalen Partei des Libanon, wird erschossen.

1990 (8. Okt.) Nach Steinwürfen gegen betende Juden erschießen israelische Sicherheitskräfte auf dem Tempelberg 17 Personen, 850 werden verwundet. Der UN-Sicherheitsrat verurteilt am 12. Okt. das Vorgehen und beschließt die Entsendung einer Untersuchungskommission.

1990 (14. Okt.) Die UN-Vollversammlung fordert die Einstellung aller Hilfsmaßnahmen für Israel und die Einberufung einer Friedenskonferenz für den Nahen Osten. Die Wirtschafts- und Militärhilfe habe Israel zu einer «aggressiven und expansionistischen Politik» ermuntert.

1990 (5. Nov.) Rabbi Meir Kahane (geb. 1932) wird in New York erschossen. Sein Begräbnis mit 30 000 Teilnehmern artet zu einer antiarabischen Demonstration aus.

1990 (29. Nov.) UN-Sicherheitsrats-Resolution 678. Dem Irak wird als Frist für den Rückzug aus Kuweit der 15.01.1991 benannt.

1991 Mit 101 Personen übersteigt die Zahl der Opfer arabischer Anschläge dieses Jahres weit den Durchschnitt der 80/90-iger Jahre (26).

1991 (17. Jan.–28. Febr.) Zweiter Golfkrieg zur Rückeroberung Kuweits.

Irakische Scud-Raketen schlagen auf israelischem Gebiet ein. Eine UNO-Streitmacht unter US-Führung befreit Kuweit von irakischer Besatzung und restauriert dort das autoritär-monarchische Regime. Die UNO verhängt auf Drängen der USA außergewöhnlich harte Sanktionen gegen den Irak, um eine umfassende Abrüstung zu erzwingen.

1991 (8. Febr.) US-Außenminister James Baker fordert neue Sicherheitsstrukturen für die Zeit nach dem Golfkrieg und verspricht Bemühungen der USA um Frieden zwischen Israel und den arabischen Staaten.

1991 (20. Juni) Das US-Abgeordnetenhaus spricht sich mit 378 gegen 4 Stimmen gegen die Regierungsabsicht aus, eine Wirtschaftshilfe von 5,82 Mia. $ für Israel an die Einstellung des Siedlungsbaues in den besetzten Gebieten zu binden.

1991 (18. Okt.) Wiederaufnahme diplomatischer Beziehungen zwischen Israel und Rußland.

1991 (30. Okt.–4. Nov.) Nahost-Konferenz in Madrid unter der Ägide der USA und der Sowjetunion. Israel läßt nur Palästinenser aus den besetzten Gebieten (ohne Jerusalem) selbst, nicht aber PLO-Vertreter als Teilnehmer zu.

1991 (27. Dez.) Israels Regierung bewilligt weitere Mittel für Siedlungsbau und billigt den Aufbau privater Sicherheitskräfte in den Siedlungen.

1991 Libanesisch-syrischer Vertrag über Stationierung syrischer Truppen im Libanon.

1991 Der Deutsche Bundestag genehmigt Militärhilfe für Israel.

1992 Syrische Juden wandern über Europa nach Israel ab.

1992 Absturz eines El-Al-Passagierflugzeugs mit schweren Folgen bei Amsterdam. Wie die El-Al und Israels Regierung am 2. Okt 1998 zugeben, hatte die Maschine Chemikalien zur Herstellung von Nervengas (Sarin) an Bord.

1992 (31. Jan.) Beginn multilateraler Nahost-Verhandlungen (des «Steering Committee») in Moskau.

1992 (7. Jan.) Der UN-Sicherheitsrat rügt Israels Praxis der Abschiebung von politisch aktiven Palästinensern.

1992 (5. Febr.) Ezer Weizman legt aus Protest gegen die Politik Yitzhak Shamirs sein Abgeordnetenmandat nieder.

1992 (Febr.) Ermordung des Hizbollah-Führers Abbas Mussawi durch einen israelischen Helikopter-Angriff im Libanon.

1992 (20. Febr.) Yitzhak Rabin setzte sich gegen Shimon Peres als Spitzenkandidat und Vorsitzender der Arbeitspartei durch.

1992 (20. April) Bundeskanzler Helmut Kohl bietet Israel Finanzhilfe für die Integration von Einwanderern aus Osteuropa an.

1992 (19. Mai) Die USA verzichten gegenüber Israel auf Einbeziehung der UN-Sicherheitsrats-Resolution 194 (Rückkehrrecht der Palästinenser) von 1948 in die israelisch-palästinensischen Verhandlungen.

1992 (23. Juni) Parlamentswahlen in Israel. Ergebnis in Mandaten: Arbeitspartei 44; Meretz 12; Arabisch-demokratische Partei 2; Demokratische Front (Kommunistisch) 3. - Likkud 32; Tzomet 8; Moledet 3; Nationalreligiöse 6; ShaS 6; Vereinigte Torah-Partei 4.

1992 (13. Juli) Yitzhak Rabin Ministerpräsident einer Mitte-Links-Regierung. Benjamin Netanyahu (geb. 1949) folgt Yitzhak Shamir als Chef des Likkud.

1992 (21. Juli) Die Bundesrepublik Deutschland beschließt ein Verbot der Beteiligung am arabischen Israel-Boykott. Umgekehrt bleibt die von den USA geforderte Boykottierung bestimmter Staaten aufrecht. Deutschland unterstützt nun im Nahostkonflikt immer stärker die Regierung Israels.

1992 (30. Aug.) Der Staat Israel und der Vatikan nehmen diplomatische Beziehungen auf.

1992 32. ZWK in Jerusalem. Beginnende Strukturreform der ZWO. Die große Zahl osteuropäischer Einwanderer verursacht finanzielle Engpässe und es wird nach neuen Ressourcen gesucht. Die Leitung der *Jewish Agency* übernimmt Abraham Burg, der eine gründliche Reform der Institution in Gang bringt.

1992 (14.–16. Sept.) Yitzhak Rabin besucht Deutschland.

1992 (1. Okt.) Deutsch-israelisches Kooperationsabkommen über Lieferung von militärischem Ausrüstungsmaterial im Wert von 600 Mill. $ und über die Kooperation der Geheimdienste.

1992 (7. Dez.)–1993 (5. März) Verhandlungen zwischen deutschen und israelischen Regierungsvertretern in Bonn und Jerusalem zur Vertiefung der Beziehungen. Der Deutsche Bundestag spricht sich für eine erweiterte militärische Zusammenarbeit mit Israel aus.

1993–2001 Bill Clinton Präsident der USA.

1993 (Jan.) Beginn von Geheimverhandlungen zwischen Israel und der PLO in Oslo. Zugleich verschärft Israel aber das Vorgehen gegen die Intifada und die PLO wird erstmals als möglicher Ordnungsfaktor für Palästina ins Kalkül gezogen.

1993 (10. März) Der Deutsche Bundestag genehmigt eine Verdoppelung des GIF- Stiftungskapitals (>1986).

1993 (Juli) Wiederholte Beschießung nordisraelischer Orte (v. a. Kiryat Shemonah) mit Katjuscha-Raketen.

1993 (25.–31. Juli) Angriffe auf israelische Truppen im Südlibanon werden mit Luftangriffen vergolten. Die USA vermitteln einen Waffenstillstand.

1993 (13. Sept.) Unterzeichnung einer gemeinsamen Erklärung (*Grundsatzabkommen*) bezüglich Friedensverhandlungen zwischen Israel und der PLO in Washington. Einigung über palästinensische Selbstverwaltung des Gazastreifens und von Gebieten der Westbank als Übergangslösung.

1993 (2. Nov.) Der rechtszionistische Politiker Ehud Olmert wird Nachfolger Teddy Kolleks als Bürgermeister von Jerusalem.

1994 In diesem Jahr sterben in Israel/Palästina 65 Personen durch arabische Anschläge.

1994 (25. Febr.) Dr. med. Baruch Goldstein erschießt während des islamischen Fastenmonats Ramadan in Hebron (mindestens) 29 Palästinenser beim Gebet an den Patriarchengräbern. Die israelischen Wachen am Ort verkennen die Situation und erschießen weitere Personen. Insgesamt sterben über 50 Personen und weit über 100 werden verletzt. Baruch Goldstein findet dabei selbst den Tod, Rechtsextremisten und Fundamentalisten feiern ihn als heiligen Märtyrer.

1994 (18. März) UN-Sicherheitsrats-Resolution 904: Bekräftigung der früheren Resolutionen und Betonung der Verbindlichkeit der Bestimmungen der 4. Genfer Konvention im Blick auf die besetzten Gebiete. Verurteilung des Massakers von Hebron und Aufforderung zu angemessenem Schutz der Zivilbevölkerung. Empfehlung einer internationalen Kontrolle und Aufforderung zur Fortsetzung von Verhandlungen.

1994 (April) Pariser Abkommen zwischen Israel und der PLO über die wirtschaftliche Kooperation.

1994 (13. Mai)–2000 (10. Juli) Ezer Weizman (gest. 2005) Staatspräsident Israels

1994 (April) Vermehrte palästinensische Anschläge in Israel veranlassen Israel zur vorübergehenden Abriegelung der besetzten Gebiete. Diese Maßnahme wird in den folgenden Jahren zur Routine und verschärft die soziale Misere in den Palästinensergebieten.

1994 (4. Mai) Unterzeichnung des Gaza-Jericho-Abkommens in Kairo. Die Einigung wird international als großer Erfolg gefeiert. Die von außen in die Palästinensergebiete versetzte PLO scheitert aber zwangsläufig an ihren eigenen Strukturen, an den Konflikten mit den vorhandenen palästinensischen Organisationen, und an der Besatzungspolitik Israels. Entgegen allen Erwartungen kommt es aber nicht zu einer Resignation und entsprechenden Abwanderung, sondern zu einer Ideologie der Verzweiflung mit immer häufigeren Selbstmordattentaten, welche die israelischen Sicherheitskräfte nicht einmal im eigenen Staatsgebiet zu verhindern vermögen.

1994 (2. Juli) Arafat verläßt Tunis und übernimmt die palästinensische Selbstverwaltung im Gazastreifen.

1994 (26. Okt.) Friedensabkommen zwischen Israel und Jordanien. Es folgt die Aufnahme diplomatischer Beziehungen mit Marokko und Tunesien.

1994 (10. Dez.) Friedensnobelpreis 1994 für Yassir Arafat, Yitzhak Rabin und Shimon Peres.

1995 46 Personen sterben in diesem Jahr durch palästinensische Anschläge.

1995 (12. Febr.) Abkommen zwischen Deutschland und Israel über soziale und finanzielle Absicherung.

1995 (24. Sept.) Unterzeichnung des Abkommens Oslo II über die Erweiterung der palästinensischen Selbstverwaltung in zwei Bereichen (zuerst in A und teilweise in B). Ein Bereich C mit den jüdischen Siedlungen, militärischen Sicherheitszonen und Hebron bleibt ausgeklammert. In Israel kommt es zu immer heftigeren Polemiken gegen die Friedenspolitik der Regierung Rabin, auf Wahlplakaten von Oppositionsparteien wird er in SS-Uniform abgebildet. Fundamentalisten bezeichnen Rabin als *rôdef*, einen lebensgefährdenden Feind, der nach jüdischem Recht vorsorglich getötet werden darf.

1995 (4. Nov.) Ministerpräsident Yitzhak Rabin wird während einer Friedenskundgebung in Tel Aviv durch einen fundamentalistischen Nationalisten unter den Augen der Sicherheitskräfte und vor laufender Kamera erschossen. Seine Partei verliert die folgenden Wahlen. Der Friedensprozeß kommt zum Erliegen.

1995 (Nov.) Bevölkerung Israels: 5612300, davon 1090000 Nichtjuden.

1995 (Nov.–Dez.) Kontakte zwischen WJC und Schweizer Banken wegen nachrichtenloser Konten. Die Banken verhalten sich wenig kooperativ und provozieren damit eine Kampagne gegen die Schweiz.

1996 In diesem Jahr fallen 56 Personen palästinensischen Anschlägen zum Opfer.

1996 Die *Jewish Agency* organisiert die Auswanderung der Juden Tschetscheniens.

1996 (20. Jan.) Wahlen zum Palästinensischen Nationalrat. Yassir Arafat wird zum Präsidenten der palästinensischen Selbstverwaltung gewählt.

1996 (Febr.–April) Immer häufigere Selbstmordattentate versetzen Israels Bevölkerung in Erregung und steigern die Skepsis gegenüber dem Friedensprozeß. Die Regierung Israels setzt den vereinbarten Truppenrückzug aus.

1996 (7.–19. April) Israelische Vergeltungsmaßnahmen im Südlibanon. Am 18. April fordert eine massive Bombardierung des Dorfes Kana im Libanon 109 Tote und 116 Verwundete.

1996 (29. Mai) Wahlen in Israel. Der rechtszionistische Politiker Benjamin Netanyahu wird zum Ministerpräsidenten Israels gewählt. Aus den Parlamentswahlen gehen die Rechtsparteien gestärkt hervor.

1996 (2. Aug.) Die neue Regierung Israels hebt den Baustopp für neue Siedlungen in den besetzten Gebieten auf.

1996 (Sept.) Die Öffnung eines Zugangs zum Tunnel an der Westmauer des Tempelbergs in Jerusalem entfacht mehrtägige Unruhen mit ca. 12 israelischen und ca. 80 palästinensischen Opfern.

1996 (1. Nov.–20. Dez.) Aufforderung des US-Senators Alphonse D'Amato an die Schweizer Regierung, nachrichtenlose Konten bei Schweizer Banken aus der Zeit zwischen 1933 bis 1945 untersuchen zu lassen. Am 4. Nov. sagt US-Präsident Clinton dem WJC seine Unterstützung zu und Stuart Eizenstat wird zum Sonderbeauftragten für Rückerstattung jüdischen Eigentums in Mitteleuropa ernannt. Am 9. Dez. verlangt der WJC die sofortige Einrichtung einer Stiftung mit 250 bis 300 Mio. sFr. Am 13. Dez. treffen sich Senator D'Amato und der Schweizer Botschafter Th. Borer, der die Einsetzung einer Expertenkommission bekanntgibt. Am 19. Dez. behauptet der WJC, die Schweiz habe in der NS-Zeit mehr als 3 Mrd. $ an Raubgold und Totenzahngold verdient. Ab 20. Dez. werden neue Vorwürfe gegen die Schweizer Regierung und Boykottdrohungen laut. Der Wert der nachrichtenlosen Konten wird mit 7–10 Mrd. $ beziffert. Der Schweiz drohen eine Staatsaffäre und ein Wirtschaftsboykott in den USA.

1997 (15. Jan.) Hebron wird in 2 Zonen aufgeteilt und zu ca. 80 % unter palästinensische Verwaltung gestellt.

1997 (30. Jan.–6. Febr.) Vorbereitung von Boykottmaßnahmen gegen Schweizer Banken in mehreren US-Staaten. Die Schweizer Großbanken sagen 100 Millionen sFr für einen humanitären Fonds zugunsten von Völkermordopfern zu. Die Schweizer Regierung beteiligt sich, doch die Absicht, einen solchen 250 Millionenfonds selbst verwalten zu wollen, löst neue Auseinandersetzungen aus.

1997 (14. Febr.) Neben dem WJC wird in der Schweizer Bankenaffäre auch die *World Jewish Restitution Organization* aktiv und eine Einigung scheint in Sicht. Weitere Staaten werden mit ähnlichen Rückerstattungsforderungen konfrontiert.

1997 (10. Nov.) Abkommen zwischen dem Staat Israel und dem Vatikan über die Heiligen Stätten.

1997 (Dez.) 33. ZWK in Jerusalem. Die inneren Spannungen im Staat Israel und der Likkud-Wahlsieg mit seinen negativen Folgen für den Friedensprozeß werden intensiv diskutiert. Israels Bedeutung für das Gesamtjudentum und der Begriff *Zionismus* sollen überdacht werden. Die Gleichberechtigung aller religiösen Richtungen im Judentum kommt erneut zur Sprache.

1998 (12. Aug.) Vergleich, vermittelt durch den US-Unterstaatssekretär Stuart Eizenstat: Die Schweizer Banken zahlen 1,25 Mrd. $ an jüdische Organisationen (v. a. *World Jewish Congress*). US-Districts-Bundesrichter Edward Korman genehmigt den Vergleich am 27. Juli 2000. Das tatsächliche Ausmaß nachrichtenloser Konten wird erst im Nachhinein (Dez. 1999) festgestellt, wobei die Kosten (über 400 Mio. sFr.) der dazu berufenen Kommission das drei- bis vierfache der festgestellten Wertsumme auf namenlosen Konten (insgesamt) ergeben. Die Kontenlisten werden im Febr. 2001 und Jan. 2005 im Internet publiziert.

1998 (23. Okt.) Israels Ministerpräsident Netanyahu und Arafat unterzeichnen im Beisein von König Hussein und US-Präsident Clinton das *Wye River Memorandum*. Es enthält einen Zeitplan für die Erfüllung des Oslo II-Abkommens.

1999 (17. Mai) Parlamentswahlen in Israel. Mandate: Arbeitspartei 26; Likkud 19; ShaS 17 (!) Vereinte Torah-Partei 5; Nationalreligiöse 5; Märkaz 6; Meretz 10; ´Ummah ´achat 2; Arabische Liste 5; Arabische nationaldemokratische Liste 2; Chadash (kommunistisch) 3; Shinnuj 6; Jisrael ba-`alijjah 6; Jisra´el Bêtenu 4; Nationale Union 4. Ehud Barak wird zum Ministerpräsidenten Israels gewählt und bildet am 7. Juli die neue Regierung. Er startet unverzüglich diplomatische Initiativen, verstärkt jedoch den Siedlungsausbau in den besetzten Gebieten. Die Zahl der Siedler wächst innerhalb eines Jahres um 12,5 % von 172 170 auf 193 680, davon ca. 30 % rings um Jerusalem.

1999 (Sept.) Veröffentlichung von Forderungen einer Entschädigung von Zwangsarbeitern der NS-Zeit. WJC, *World Jewish Restitution Organization* und *Claims Conference* fordern die Einbeziehung von 135 000 überlebenden jüdischen Opfern. Stuart Eizenstat fungiert erneut als US-Chefunterhändler und Vermittler.

1999 (13. Sept.) Wiederaufnahme der Verhandlungen zwischen Israel und der PLO. Der Likkud-Außenminister Levi verweigert den Rückzug auf die Grenzen vor 1967, beharrt auf ganz Jerusalem als Hauptstadt Israels und erklärt die Absicht, die jüdischen Siedlungen in den besetzten Gebieten unter israelischer Hoheit bestehen zu lassen und westlich des Jordans die militärische Kontrolle aufrecht zu erhalten.

1999 (31. Dez.) In Rußland wird Präsident Jelzin durch Wladimir Putin abgelöst. In der chaotischen Ära Jelzin (1991–95) gelang es amerikanisch-israelischen Unternehmern, die beiden größten Erdölkonzerne Rußlands in die Hand zu bekommen. Steuerhinterziehungen und Kapitaltransfer ins Ausland veranlassen die Justiz unter Putin zu strafrechtlicher Verfolgung dieser Unternehmen. Das verschafft dem russischen Staat wieder die Kontrolle über die Erdölindustrie, wird im Westen aber als antidemokratische Maßnahme getadelt.

2000 (17. Febr.) Kulturabkommen zwischen Israel und Deutschland und Erweiterung des Jugendaustausches.

2000 (24. Mai) Fast vollständiger Abschluß des israelischen Rückzugs aus dem Libanon gemäß UN-Sicherheitsrats-Resolution 425. Die pro-israelische christliche Miliz löst sich auf.

2000 (10. Juni) Tod des syrischen Präsidenten Hafiz al-Assad. Sein Sohn Baschar al-Assad wird zu seinem Nachfolger gewählt.

2000 (11.–25. Juli) Ein Gipfeltreffen zwischen Barak und Arafat bei US-Präsident Clinton in Camp David endet mit bloßen Absichtserklärungen.

2000 (1. Aug.) Moshe Katsav (erster rechtszionistischer) Staatspräsident Israels.

2000 (28. Sept.) Der rechtszionistische Politiker Ariel Sharon betritt unter massiver Polizeibegleitung (und insofern nicht ohne Rückendeckung der Regierung) den *Haram-ash-sharif* bzw. Tempelberg in Jerusalem. Auf die heftigen palästinensischen Protestaktionen reagieren Israels Sicherheitskräfte hart und damit beginnt die *zweite Intifada*, eine Phase brutaler Auseinandersetzungen und zunehmender Selbstmordattentate, die bis Anfang 2005 andauert. Die israelische Armee zerstört in dieser Zeit die administrative und zivile Infrastruktur, blockiert das ganze Bildungswesen und behindert Hilfsaktionen internationaler Organisationen ungeachtet der dagegen erhobenen Proteste. Durch die Abriegelung der Palästinensergebiete verlieren viele Palästinenser ihre Arbeitsplätze und die UNO muß zusätzliche Mittel einsetzen, um eine Katastrophe zu verhindern. Indessen läuft schon länger eine Kampagne des *WJC* gegen die humanitäre UN-Hilfe für die Palästinenser; doch der erhobene Vorwurf der Terrorismusfinanzierung erweist sich als unbegründet.

2000 (7. Okt.) UN-Sicherheitsrats-Resolution 1322: Verurteilung der Provokation am Tempelberg und der damit verbundenen unverhältnismäßigen Gewaltanwendung durch Israel, das ermahnt wird, die Bestimmungen der 4. Genfer Konvention zu beachten. Aufruf zur Beendigung der Gewalt auf beiden Seiten.

2000 (16.–18. Okt.) Gipfeltreffen in Sharm el-Sheikh. Einigung über Gewaltverzicht, eine Untersuchungskommission und Aufhebung der Absperrmaßnahmen. Es kommt zu keinen praktischen Konsequenzen.

2000 (31. Dez.) Unruhen in den Palästinensergebieten kosten 280 Palästinensern und 40 Israelis das Leben.

2001 (20. Jan.) George W. Bush Präsident der USA.

2001 (8. Febr.) Ariel Sharon wird zum Ministerpräsidenten Israels gewählt. Er hatte im Wahlkampf versprochen, die Sicherheitslage mit aller Gewalt zu verbessern, das Ergebnis aber war: Im Jahr 2001 über 190, im Jahr 2002 über 330, im Jahr 2003 über 200, und im Jahr 2004 über 150 Opfer von Angriffen und Anschlägen.

2001 (8. März) Große Koalitionsregierung unter Ariel Sharon in Israel. Außenminister: Shimon Peres (Arbeitspartei), Verteidigungsminister: Benjamin Ben Elieser (Arbeitspartei).

2001 (21. Mai) US-Senator George Mitchell präsentiert in Abwandlung von Vorschlägen des CIA-Chefs Tenet einen vage gehaltenen Nahost-Plan: Waffenstillstand, vertrauensbildende Maßnahmen, Verhandlungen.

2001 (20./21. Mai) Schwere israelische Luftangriffe auf Palästinensergebiete führen sogar zu einem Protest der USA.

2001 (1. Juni) Ein palästinensischer Selbstmord-Terroranschlag in einer Diskothek voll jugendlicher Besucher bei Tel Aviv verursacht 21 Todesopfer und über 120 Verwundete.

2001 (29. Juli) Jüdische Fundamentalisten legen symbolisch den Grundstein für den 3. Tempel; es folgen heftige Proteste und Steinwürfe von palästinensischer Seite und wieder greifen israelische Sicherheitskräfte mit Härte ein.

2001 (9. Aug.) Ein palästinensisches Selbstmordattentat in der King George Street in Jerusalem verursacht 15 Tote und 130 Verletzte.

2001 (11. Sept.) Anschläge auf das World Trade Center in New York und auf das Pentagon in Washington. In den durch die US-Regierung daraufhin ausgerufenen «Krieg gegen den Terrorismus» wird der Kampf der israelischen Armee gegen den palästinensischen Widerstand allmählich mit einbezogen.

2001 (12.–14. Sept.) Israelische Militäraktionen in Jenin und Jericho mit umfangreichen Zerstörungen und vielen zivilen Opfern. In Ramallah wird der Amtssitz des palästinensischen Präsidenten Arafat angegriffen.

2001 (28. Okt.) Zwei Palästinenser beschießen in Hadera aus einem Fahrzeug Passanten, töten 4 und verletzen über 40 Personen.

2001 (1.–2. Dez.) Ein palästinensisches Bombenattentat in der Ben Yehuda Street in Jerusalem fordert am 1. Dez. 10 Todesopfer und über 180 Verletzte. In Haifa verursacht am 2. Dez. ein Anschlag auf einen Autobus 15 Tote und 40 Verletzte.

2001 (12. Dez.) Bei Emmanuel in Samaria verursacht ein palästinensischer Angriff auf einen Autobus und auf einige Personenwagen 10 Tote und ca. 30 Verwundete.

2002 (12. März) UN-Sicherheitsrats-Resolution 1397: Mit Rückverweis auf die Resolutionen 242 von 1967 sowie 338 von 1973 wird die Zielsetzung einer Zweistaatenregelung unter der Bedingung sicherer Grenzen bekräftigt. Besorgnis über die Zunahme der Gewalt seit Sept. 2000 und Forderung nach Beachtung der Menschenrechte. Aufforderung an die Palästinenser, erneut zu verhandeln.

2002 (16. Jan.) In Hadera schießt ein Palästinenser in einem Hotel auf Teilnehmer einer Familienfeier und verursacht 6 Tote und 35 Verletzte.

2002 (2. März) Ein palästinensischer Bombenanschlag auf eine Familienfeier in Jerusalem fordert 11 Tote.

2002 (9. März) In Netanyah töten zwei Palästinenser 2 Passanten und verletzen ca. 50. In Jerusalem werden bei einem palästinensischen Selbstmord-Bombenanschlag auf ein Café 11 Personen getötet und 54 verletzt.

2002 (12. März) Nahe der libanesischen Grenze beschießen zwei Terroristen israelische Fahrzeuge und töten 6 Personen.

2002 (19. März) Ein palästinensischer Selbstmordanschlag auf einen Autobus bei Afula fordert 7 Tote und 30 Verletzte.

2002 (27. März) Ein palästinensisches Selbstmord-Bombenattentat im Park-Hotel von Netanya verursacht 30 Tote und 140 Verletzte.

2002 (30. März) UN-Sicherheitsrats-Resolution 1402: Besorgnis über die Verschlechterung der Lage und Verurteilung der Selbstmordattentate und der Angriffe auf den Amtssitz Yassir Arafats. Aufforderung zu einem Waffenstillstand und zum Rückzug der israelischen Truppen. Wiederholung der Forderung in der Resolution 1397 zur Beendigung der Gewalttaten.

2002 (12. April) Ein palästinensisches Selbstmord-Bombenattentat in der Jaffa-Straße in Jerusalem verursacht 6 Tote und 104 Verletzte.

2002 (19. April) UN-Sicherheits-Resolution 1405. Besorgnis über die Lage in den Kampfgebieten, speziell Jenin. Aufforderung, die Tätigkeit internationaler Organisationen und des IRK sowie die medizinische Versorgung der Zivilbevölkerung nicht zu behindern.

2002 (7. Mai) Ein palästinensischer Selbstmord-Bombenanschlag in Rishon Lezion bei Tel Aviv verursacht 15 Tote und 44 Verwundete.

2002 (5. Juni) Ein palästinensischer Autobombenanschlag bei Afula verursacht 17 Tote und 38 Verletzte.

2002 (18. Juni) Ein palästinensischer Selbstmord-Bombenanschlag auf einen Autobus auf der Fahrt nach Jerusalem verursacht 19 Tote und 74 Verletzte.

2002 (16. Juli) Israel beginnt angesichts der sich häufenden Anschläge mit dem Bau von Sperranlagen zur Abschottung gegenüber den Palästinensergebieten. Jüdische Siedler verlangen, daß sie vom Staatsgebiet nicht abgetrennt werden. Der geplante Verlauf, ganz innerhalb der Westbank und darin auch um jüdische Siedlungsgebiete, alarmiert die Palästinenser. Ein palästinensischer Angriff auf einen Autobus aus Bne Berak fordert 9 Todesopfer und 20 Verletzte.

2002 (31. Juli) Ein Bombenanschlag auf eine Cafeteria auf dem Universitäts-Campus am Skopusberg in Jerusalem fordert 9 Todesopfer und 85 Verwundete.

2002 (4. Aug.) Ein palästinensischer Selbstmord-Bombenanschlag auf einen Autobus bei Meron in Galiläa verursacht 9 Todesopfer und 50 Verwundete.

2002 (19. Sept.) Bei einem Bombenanschlag auf einen Autobus in Tel Aviv werden 6 Personen getötet und etwa 70 verletzt. Israelische Truppen belagern die palästinensische Autonomiebehörde in Ramallah und verwüsten palästinensische Einrichtungen. Der Palästinenserpräsident Arafat ist von da an de facto Gefangener. Die USA schwenken auf diese Boykottpolitik ein.

2002 (24. Sept.) UN-Sicherheitsrats-Resolution 1435: Verurteilung aller Gewaltakte und der neuerlichen Besetzung und Zerstörung palästinensischer Städte und Einrichtungen. Forderung nach Rückzug der Truppen auf die Ausgangspositionen. Besorgnis über die Versorgungslage der palästinensischen Bevölkerung. Forderung nach Respektierung der Menschenrechte und der 4. Genfer Konvention.

2002 (21. Okt.) Ein palästinensischer Bombenanschlag auf einen Autobus bei Hadera verursacht 15 Tote und ca. 50 Verletzte.

2002 (8. Nov.) UN-Sicherheitsrats-Resolution 1441 zum Stand der Abrüstung im Irak mit der Androhung nicht näher definierter «ernsthafter» Maßnahmen.

2002 (15. Nov.) In Hebron überfallen Palästinenser eine Gruppe von israelischen Soldaten und Zivilisten beim Gebet, töten 12 Personen und verwunden 15.

2002 (21. Nov.) Ein Selbstmord-Bombenanschlag auf einen Autobus bei Jerusalem versursacht 11 Tote und ca. 50 Verwundete.

2003/4 Gerüchte über eine dramatische Fehleinschätzung der noch vorhandenen Erdölressourcen werden 2004 durch eine Studie für die US-Regierung (*The Peaking of World Oil Production. Impacts, Mitigation, and Risks*) bestätigt. Gerade auch die Nah- und Mittelostpolitik steht im Zeichen des versiegenden Erdöls.

2003 (5. Jan.) Ein Bombenattentat am Busbahnhof von Tel Aviv verursacht 23 Tote und ca. 120 Verwundete.

2003 (28. Jan.) Parlamentswahlen in Israel. Mandate: Likkud 38; Arbeiterpartei 19; Shinnuj/Märkaz 15; ShaS 11; Nationale Union 7; Nationalreligiöse 6; Jahadut ha-Torah 5; Meretz 6; Demokratische Front für Frieden 3; \`Am ´ächad 3; Jisrael ba-\`alijjah 2; Arab. Liste 2.

2003 (März–April) Die USA, Großbritannien und einige andere Staaten beginnen gegen den Willen des UN-Sicherheitsrates und unter Ignorierung der Berichte der UNO-Abrüstungsexperten einen Angriffskrieg gegen den Irak. Die Kriegsgründe, 1. die notwendige Vernichtung der irakischen Massenvernichtungswaffen, und 2. die Beteiligung des Irak an den Attentaten vom 11.9.2001 in den USA, erweisen sich hinterher als haltlos.

2003 (5. März) Ein Selbstmord-Bombenattentat auf einen Bus bei Haifa kostet 17 Menschen das Leben, 53 werden verletzt.

2003 (April/Mai) Die USA, Rußland, die EU und die UNO einigen sich auf eine *Road map* für die Lösung des Palästinaproblems.

2003 (18.–19. Mai) Ein Selbstmord-Bombenattentat auf einen Bus in Jerusalem verursacht 7 Tote und 20 Verletzte, ein anderer in Afula 3 Tote und 70 Verletzte.

2003 (4. Juni) Ariel Sharon und Mahmud Abbas (seit 30. Apr. palästinensischer Ministerpräsident) besprechen in Elat die *Road Map*.

2003 (11. Juni) In Jerusalem werden durch einen Selbstmord-Bombenanschlag auf einen Autobus 17 Personen getötet und ca. 100 verletzt.

2003 (25. Juni) USA-Besuch des palästinensischen Ministerpräsidenten Mahmud Abbas ohne konkretes Ergebnis.

2003 (17.–21. Juni) 34. ZWK in Jerusalem. Betonung der Zentralität Israels für das Judentum insgesamt. Wichtigkeit der Einwanderung und der zionistischen Erziehung, Budgetaufstockung für Jugendarbeit. Kampf gegen Antisemitismus und Antizionismus. Intensivierung der Besiedlung des Negev und Galiläas (als Alternative zum Siedlungsausbau in den besetzten Gebieten).

2003 (19. Aug.) Bei Jerusalem werden bei einem Selbstmord-Bombenattentat auf einen Autobus 23 Personen getötet und ca. 130 verletzt.

2003 (9. Sept.) Neun Tote und 30 Verwundete fordert ein Selbstmord-Bombenattentat auf eine Haltestelle an der Armeebasis von Tzrifin. Ein

Anschlag auf das Café Hillel in Jerusalem verursacht 7 Tote und über 50 Verletzte.

2003 (4. Okt.) Ein Selbstmord-Bombenattentat im Maxim-Restaurant in Haifa verursacht 21 Tote und 60 Verwundete.

2004 (29. Jan.) Einem Selbstmord-Bombenattentat auf einen Autobus in Jerusalem fallen 11 Personen zum Opfer, über 50 werden verwundet.

2004 (2. Febr.) Ariel Sharon kündigt einen einseitigen Abzug der Truppen aus dem Gazastreifen und die Auflösung der dortigen jüdischen Siedlungen an. Sharons Plan führt zu heftigen Protesten der Siedler und findet in der eigenen Partei keine Mehrheit. Die Palästinenser befürchten eine Verlegung der Gazasiedler auf die Westbank, denn einer entsprechenden Erweiterung der Siedlungen haben die USA bereits zugestimmt.

2004 (14. März) Einem Selbstmord-Bombenanschlag in Ashdod fallen 10 Personen zum Opfer, 16 werden verwundet.

2004 (22. März) Ein Selbstmord-Bombenattentat auf einen Autobus in Jerusalem verursacht 8 Tote und über 60 Verwundete.

2004 (21./22. März) Gezielte Tötung des Hamas-Führers Sheikh Yasin durch einen israelischen Hubschrauber-Raketenangriff.

2004 (11. April) Israel weist ein syrisches Angebot zu Friedensverhandlungen zurück.

2004 (17. April) Abd el-Aziz al-Rantisi, Nachfolger des Hamas-Chefs Sheikh Yasin, wird mit zwei anderen palästinensischen Politikern ebenfalls durch einen gezielten Luftangriff ermordet.

2004 (19. Mai) UN-Sicherheitsrats-Resolution 1544 (bei Enthaltung der USA): Verurteilung der israelischen Angriffe auf Rafah. Forderung nach Einstellung der Häuserzerstörungen.

2004 (10. Juli) Der internationale Gerichtshof in Den Haag erklärt den Verlauf des israelischen Sperrwalls für rechtswidrig. Israel und die USA akzeptieren das Urteil nicht.

2004 (31. Aug.) Zwei Selbstmord-Bombenanschläge auf Autobusse in Beersheba fordern 16 Todesopfer und ca. 100 Verwundete.

2004 (14. Sept.) Israels Regierung intensiviert Land-Konfiszierungen auf der Westbank.

2004 (7. Okt.) Bei Anschlägen auf Ferienhotels in Taba und Ras-as-Satan auf der Sinaihalbinsel (Ägypten) werden 32 Personen getötet, davon 12 Israelis, und 1120 verwundet.

2004 (2./3. Nov.) Wiederwahl des US-Präsidenten George W. Bush.

2004 (11. Nov.) Tod des Vorsitzenden der PLO und ersten Präsidenten der Palästinensischen Selbstverwaltungsbehörde, Yassir Arafat.

2004 (Ende) Seit Beginn der 2. Intifada (Sept. 2000) starben ca. 980 Israelis (davon 120 Kinder) als Opfer palästinensischer Anschläge. Auf palästinensischer Seite kam es zu 3360 Toten (davon über 600 Kinder). In den besetzten Gebieten gibt es nunmehr 400 000 Siedler in 145 Siedlungen, davon 220 000 im Großraum Jerusalem, 105 Außenposten markieren die künftigen Erweiterungabsichten. Im Gazastreifen leben 7500 Siedler.

2005 (Jan.) Die beiden Oberrabbiner des Landes Israel bekräftigen das Verbot von 1967 bezüglich des Betretens des Tempelberges.

2005 (9. Jan.) Mahmud Abbas wird zum Präsidenten der palästinensischen Selbstverwaltung gewählt und versucht, die Gespräche mit der Regierung Israels wieder aufzunehmen.

2005 (10. Jan.) Ariel Sharon verliert die Unterstützung seiner Koalitionsmehrheit und bildet eine große Koalition mit der Arbeitspartei unter Einschluß zweier religiöser Gruppen.

2005 (13. Jan.) Palästinenser sprengen bei der Karni-Crossing die Sperrmauer, eröffnen auf der israelischen Seite das Feuer und töten 6 Personen.

2005 (24. Jan.) Israel setzt den umstrittenen Mauerbau nach einer Pause von 9 Monaten wieder fort.

2005 (28. Jan.) UN-Sicherheitsrats-Resolution 1583: Fordert (auf Initiative der USA und Frankreichs) den Abzug der syrischen Truppen aus dem Libanon, ohne Vorsorge für die Sicherung der prekären inneren Stabilität des Staates zu treffen.

2005 (Jan.) Wahlen für den WJC. Edgar M. Bronfman wird als Präsident und Israel Singer als Vize-Präsident wiedergewählt; neue Vizepräsidentin wird Charlotte Knobloch, Vize-Präsidentin des Zentralrats der Juden in Deutschland; neuer Generalsekretär Stephen E. Herbits.

2005 (Jan./Febr.) In Jerusalem protestieren bis zu 150 000 jüdische Siedler gegen die geplanten Siedlungsräumungen.

2005 (Febr.) Besuch des deutschen Bundespräsidenten Horst Köhler in Israel. Die bedingungslose politisch-militärische Unterstützung Israels durch die Bundesrepublik sowie das Recht Israels auf Selbstverteidigung und auf sichere Grenzen wird bekräftigt und ein weiterer Ausbau der Beziehungen angekündigt.

2005 (8. Febr.) Sharon und Abbas beschließen in Sharm el-Sheikh einen Waffenstillstand. Israels Sicherheitskräfte machen jedoch weiter von Schußwaffen Gebrauch und palästinensische Extremisten verüben Anschläge. Auf der Westbank werden jüdische Siedlungsgebiete laufend massiv erweitert, insbesondere im Großraum um Jerusalem.

2005 (14. Febr.) Autobombenattentat auf Libanons Ex-Ministerpräsident Rafiq Hariri. Westliche Politiker beschuldigen Syrien der Drahtzieherschaft und fordern einen raschen Abzug der syrischen Truppen. Diese verlassen vor Ende April das Land.

2005 (20. Febr.) Israels Regierung beschließt formell die für Juli 2005 geplante Räumung aller Siedlungen im Gazastreifen und von vier exponierten Siedlungen auf der Westbank. Gegen diesen Plan formiert sich breiter Widerstand.

2005 (13./14. März) UNO-Generalsekretär Kofi Annan besucht Jerusalem und Ramallah und versucht, die *Road map* zu reaktivieren. Ministerpräsident Sharon genehmigt den umstrittenen Sperrwallverlauf rings um Groß-Jerusalem. In Ostjerusalem sollen demnächst ca. 20 000 palästinensische Häuser wegen fehlender Baugenehmigungen demoliert werden.

2005 [5765] (15. März) Feierliche Eröffnung des neuen Holocaustmuseums in Jerusalem.